CAISSE

DE

RETRAITE GÉNÉRALE

POUR TOUS LES FRANÇAIS,

PROJET DE LOI

COMMENTÉ, PRÉCÉDÉ D'UN EXPOSÉ DES MOTIFS
ET TERMINÉ PAR UNE CONCLUSION,

ADRESSÉ

A L'ASSEMBLÉE NATIONALE

Sous la forme légale de la pétition.

La certitude en l'avenir ? C'est la résignation
dans le présent.
LÉRIS DE NOIRETERRE.

NICE,

TYPOGRAPHIE, LITHOGRAPHIE, LIBRAIRIE DE S. C. CAUVIN ET Cᵉ,

Rue de la Préfecture, 6.

1871.

CAISSE

DE

RETRAITE GÉNÉRALE

POUR TOUS LES FRANÇAIS.

PROJET DE LOI

COMMENTÉ, PRÉCÉDÉ D'UN EXPOSÉ DES MOTIFS
ET TERMINÉ PAR UNE CONCLUSION,

ADRESSÉ

A L'ASSEMBLÉE NATIONALE

Sous la forme légale de la pétition.

La certitude en l'avenir ? C'est la résignation
dans le présent.
LÉRIS DE NOIRETERRE.

NICE,

TYPOGRAPHIE, LITHOGRAPHIE, LIBRAIRIE DE S. C. CAUVIN ET Cᵉ,

Rue de la Préfecture, 6.

1871.

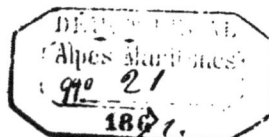

CAISSE
DE RETRAITE GÉNÉRALE
POUR TOUS LES FRANÇAIS.

PROJET DE LOI

Commenté, précédé d'un exposé des motifs et terminé
par une conclusion.

Exposé des Motifs.

MESSIEURS LES DÉPUTÉS,

En présence des catastrophes successives qui précipitent notre malheureux pays dans le gouffre de la désolation et de la ruine, me permettrez-vous de vous présenter ce travail de conscience, de justice et de pacification; de vous en développer les motifs par la voie légale de la pétition et de soumettre à votre jugement le projet de loi qui en est la conséquence. Je prends la liberté de le recommander, Messieurs, aux plus sérieuses méditations de votre intelligence et de votre patriotisme.

Nous sommes, Messieurs, dans l'effroi d'une position des plus compromises, des plus critiques. A qui la faute? A personne et à tout le monde : à personne, parce qu'il n'est pas au pouvoir d'un seul, quelque grand qu'il soit, de faire ce qui réclame le concours de tous; à tout le monde, et ayons la bonne foi de le reconnaître, parce que depuis la grande révolution française, où toutes les classes de la société immolèrent à l'envi leurs priviléges respectifs sur l'autel de la patrie, les circonstances de vie ou de mort dans lesquelles se trouvait la France vis-à-vis de l'Europe, d'une part, et le mauvais vouloir de bien des gens, de l'autre, tout a conspiré pour empêcher la révolution de porter ses vrais fruits, c'est-à-dire la mise en pratique loyale, sincère et honnête de sa devise essentiellement chrétienne, quoi qu'on en dise : *Liberté Égalité, Fraternité.*

Ah! que Dieu qui m'entend, me garde, à la pensée de ces mots symboliques, de mettre le pied sur ce terrain brûlant des passions, des égoïsmes, de la politique pure enfin, et de discuter, partant de là, à perte de vue, sur la question de savoir quelle peut être, pour le plus grand bien du genre humain, la meilleure forme de gouvernement. C'est une affaire de siècles, de forme. non de fond, et nullement de mon sujet qui est tout économique; mais République ou Monarchie, qu'il me soit permis de vous démontrer la nécessité et la possibilité de compléter la devise républicaine par son quatrième terme, la solidarité.

Oui! solidarité, Messieurs, entre les hommes, voilà la pensée, vraie humaine, chrétienne, sociale, je pourrais même dire politique. Qu'est-ce, en effet, que la liberté, même absolue, sans la solidarité? Trop souvent pour bien d'honnêtes gens, livrés aux caprices du hasard, de la fortune, des passions, de l'individualisme, enfin, loi-mère, base fondamentale de notre société, elle n'est que la liberté de souffrir et de mourir! L'égalité, encore absolue, sans solidarité, qu'est-elle aussi? C'est un rêve creux, contre nature, contre le bon sens et conduisant au même résultat. La fraternité, enfin, qui était tout au moins l'indication du sentiment de la solidarité sociale, elle fait, malheureusement, trop souvent défaut. Pour beaucoup de gens, en effet, elle se résume dans la faculté de l'aumône! de l'aumône humiliante! entendez-vous bien! Messieurs, pour nos frères, nos semblables devant Dieu! Ah! je le sais bien, c'est là un des côtés du système de la doctrine chrétienne; mais depuis dix-neuf siècles qu'elle est à l'œuvre, a-t-elle supprimé le paupérisme, cette lèpre des sociétés? Non. A-t-elle au moins fixé et élevé le sentiment de la dignité humaine dans les masses? C'est encore une question ; mais, dans tous les cas, si elle n'a fait ni l'un ni l'autre, c'est à la solidarité humaine à l'entreprendre. Il faut donc la fonder et au lieu de la laisser facultative, il faut la rendre obligatoire, l'élever enfin à la hauteur d'un principe absolument admis, à la hauteur d'une loi sociale. Alors, mais alors seulement, vous aurez fermé l'ère de nos révolutions fatalement péridodiques, n'importe sous quel régime politique, car vous aurez coupé le mal dans sa racine.

Mais c'est donc du communisme, ou à peu près, que vous nous proposez là, me direz-vous? En aucune façon et je m'explique :

La loi divine de l'homme sur la terre, qu'il vive seul ou en société, c'est le travail dans toutes ses variétés. Hors de là, pas de salut. Le travail mène honnêtement à la propriété du capital, lequel doit toujours être respecté en son principe, précisément parce qu'il ne doit pas être autre chose, et n'est pas autre chose, en thèse générale, que le travail accumulé, et qu'à ce titre il est accessible à tout le monde. Voilà un bon principe et par conséquent un principe absolu qui n'a rien de commun, rien à voir avec les théories énervantes des communistes. En effet, le communisme, à la portion congrue, ne pourrait être examiné dans son application aux trente années de la vie moyenne des hommes que s'il pouvait s'établir le même jour sur toute la surface de la terre. Alors pourrait-on peut-être dire avec quelque raison : pourquoi travailler, pourquoi se fatiguer à outrance pour quelques années d'existence? Mais s'il s'établit ici et non là en même temps, ce qui est à peu près certain, ceux qui se reposeront, c'est-à-dire ceux qui travailleront le moins, les communistes deviendront forcément la proie de ceux-là qui, travaillant énergiquement sous l'aiguillon incomparable de l'intérêt privé, accumuleront cette masse de science et de richesses qui fait aujourd'hui la force supérieure des nations modernes. De là l'esclavage forcé, à un temps donné, des sociétés communistes par les sociétés à base individuelle. Qui en voudrait? Donc, loin de moi, Messieurs, la pensée de vouloir vous entraîner le moins du monde dans les voies du communisme.

Mais après ce régime social à repousser, il n'en reste qu'un seul de vrai, de juste, de possible, celui sous l'empire duquel nous vivons, le régime de l'individualisme. Malheureusement il s'est laissé endormir dans cette fameuse mais triste maxime du laisser-faire, du laisser-passer, du chacun-pour-soi, du chacun-chez-soi. Or, je vous le demande, Messieurs, où cette maxime anti-sociale, anti-chrétienne nous a-t-elle conduits ? N'est-ce pas elle qui, par la fécondité de son égoïsme à outrance, engendrant forcément l'antagonisme des classes, nous a conduits à l'état déplorable qui caractérise notre situation actuelle? N'est-ce pas elle qui nous a amollis, divisés et par conséquent vaincus? Vous le voyez, il est grand temps de sortir de ces errements égoïstes, de modifier notre système social, ou tout au moins de le dégager de ces éléments corrupteurs qui l'ont si fort compromis. Ne restons donc plus indifférents à ce qui nous intéresse et intéresse nos concitoyens, ne pensons pas que pour nous et surtout ne songeons pas à rentrer chacun chez nous, disant : j'ai un homme d'affaires qui s'occupe de mes intérêts.

Or, c'est dans l'application du principe de la solidarité sociale que repose uniquement le perfectionnement de notre ordre social ; donc, adoptons-le et appliquons-le.

Mais où doit commencer et finir cette solidarité? La question est délicate à résoudre ; cependant voici sa solution :

Selon moi, il est complètement utile, nécessaire même à l'intérêt bien entendu de la masse sociale, de laisser tous ses membres agir complètement sous l'empire de leurs intérêts privés et avec cette liberté qui, sans entraves, crée seule l'abondance et la richesse. Jusque-là, pas de solidarité sociale. Comme par le passé, les produits naissants de cette activité personnelle doivent rester et appartenir, sous l'égide des lois, à ceux qui les ont créés. Mais d'un autre côté, et c'est ici que doit commencer la solidarité de tous au profit de chacun, les pouvoirs publics, s'inspirant du sentiment chrétien, de l'intérêt pour tous du besoin absolu de la paix publique, doivent donner par des droits consentis aux vaincus du travail, après cette lutte nécessaire des intérêts privés, une position, modeste si l'on veut, mais une position qui répare l'infortune méritée ou imméritée du sort, quand l'âge de l'impuissance, de la retraite a sonné.

Faites, en d'autres termes, que tous les Français, sans exception, se trouvent, à des degrés proportionnés à leurs travaux passés ou à leurs économies, dans cette même espérance, dans cette même consolation qui fait la quiétude des gens déjà pensionnés ou devant l'être, et vous aurez alors fondé en France, avec la suppression du paupérisme, la seule chose qui lui a manqué jusqu'ici et qui lui manque encore, l'alliance de l'ordre avec la liberté. Sans cela vous n'y arriverez jamais.

Aussi, est-ce là le but que se propose le projet de loi que j'ai l'honneur de soumettre à votre appréciation, convaincu que dans une Assemblée française il ne se trouvera plus un seul député voulant encore user de cette maxime antique et funeste de gouvernement : *Divisons pour régner*.

Après ces réflexions préliminaires, j'entre plus avant dans l'économie générale du projet de loi. Son économie repose sur cette pensée mère : primer le travail de chacun, pendant quarante ans, pour arriver à la possibilité de servir à tous les Français une pension de retraite dès l'âge de 55 ans.

Cette opération, Messieurs, est beaucoup plus facile qu'elle ne le paraît à première vue. Il ne s'agit que de vouloir, car elle ne comporte même pas une idée neuve dans son essence, puisque l'Etat lui-même fait déjà quelque chose d'analogue quand il sert des pensions à tous ses employés civils ou militaires, qu'il le fasse avec son ancien système, quand il s'agit de ces deux catégories de pensionnés, ou qu'il arrive au même but, pour toute personne qui le désire, avec le mécanisme de la caisse des retraites pour la vieillesse. Elle fut une bonne chose pour quelques-uns; mais elle ne répond pas aux nécessités, aux aspirations des masses. Je sais bien qu'elle leur est ouverte en principe, mais en pratique elle leur reste inaccessible, aux petites villes, aux campagnes surtout, témoins, ses minces encaissements comparés à ceux que produiraient mon projet de loi; enfin, elle n'est pas obligatoire. Comme mise en exécution, la loi que je vous propose n'offre pas autant de difficultés à surmonter que celles qui régissent l'armée, la marine, les douanes, les contributions directes, et surtout les boissons dont l'application a si souvent créé, même des émeutes.

Vous avez passé outre jadis sur ces difficultés, pourquoi ne le feriez-vous pas encore quand il s'agit, non pas de vexer la masse des citoyens, mais de faire vraiment quelque chose de paternel et en leur faveur.

Ce qui constitue le trait caractéristique de mon projet, c'est son application générale et obligatoire, et la mise en jeu d'un mécanisme administratif, qui reste constamment à la portée de tout le monde, soit qu'il s'agisse des toutes petites économies, soit qu'il s'agisse de déplacement. Trois objections seules méritent réfutation. La première est celle-ci : les pensions servies ne pouvant être dans l'espèce que le résultat de la prime perçue sur le travail, n'augmenterez-vous pas d'autant le prix de revient de toute chose? Voici la réponse : D'abord, il est assez difficile de préciser par un chiffre l'influence vraiment exacte de cette prime sur le prix de revient, tant sont nombreux les éléments de toute sorte qui, en tous sens, concourent à la fixation de ces prix. Ainsi les disettes, les inondations, les épizooties, la sécheresse, la guerre, la paix, les traités de commerce, les tarifs de douane, le perfectionnement de l'outillage et des voies de transport, les monopoles, le taux de l'intérêt, l'aisance et la détresse publique, le talent, le génie, enfin la loi économique de l'offre et de la demande, tout concourt, en son temps, et par des courants souvent opposés, dans des proportions diverses, à des changements dans les prix de revient, et cependant ils sont sans inconvénient, pour le consommateur, s'ils se produisent dans un milieu qui rétablit l'équilibre entre les recettes et les dépenses de celui-ci. Dans tous les cas, et en résumé, le changement opéré serait-il une augmentation des prix de revient, qui se réduirait à une concession du capital au travail ; et encore cette concession arrive-t-elle exactement au taux de la prime, quand on songe à la compensation considérable qui doit sortir forcément, non-seulement de la pacification publique, mais encore de la diminution des impôts rendue alors possible par la suppression graduelle de beaucoup d'hôpitaux, de l'assistance publique et de bien d'autres économies rendues faciles aussi par le jeu de la nouvelle institution.

Au surplus, la concession du capital au travail, même pacifique, n'est-elle pas la pente forcée sur laquelle glisse et glisseront forcément de plus en plus, dans un temps donné, toutes les sociétés modernes et civilisées? à moins qu'il ne plaise à un nouveau Moïse d'imaginer un nouveau dogme et de pétrifier ainsi, pour longtemps encore, la vie humaine. N'est-il donc pas plus sage de faire progressivement les concessions que réclament les temps, plutôt que de s'exposer sans cesse à ce cri d'épouvante: sauvez-vous, la maison brûle, lequel retentit périodiquement à nos oreilles? Eh! quelle est en définitive la dernière étape de ces concessions? Ce n'est pas le communisme, c'est l'honorification du travail, non-seulement par la loi, mais encore par les mœurs qui se modifieront. C'est enfin le travail dans toutes ses variétés devenu alors obligatoire pour tout le monde, du moins pendant tout le temps de la virilité. Sera-ce donc un si grand malheur pour les générations futures qui assisteront à ces dernières transformations? Demandez-le plutôt à Dieu, demandez-le même à cette portion de la chrétienté qui a conservé le sens moral de l'honnêteté et de la dignité humaine, ils vous répondront tous: le travail sanctifie le chrétien, le travail moralise l'homme.

La seconde objection sort de l'obligation. L'obligation, évidemment, Messieurs, n'est autre chose qu'un attentat porté au principe de la liberté absolue, mais l'homme n'est seulement libre sur la terre que lorsqu'il l'habite seul, et notre société est pleine d'obligation, témoin, entr'autres, l'impôt et le service militaire. Disons donc que l'attentat au principe de la liberté est légitime, que l'obligation de faire est parfaitement juste et équitable, quand elle n'est imposée qu'à ceux qui en profitent ou tout au moins à ceux qui, faisant partie d'une société, retirent leur part des avantages qu'elle procure à la masse de la nation. Ceci, est tellement vrai, Messieurs, pour ceux qui veulent raisonner sans trop d'égoïsme, que, malgré tout ce qui a pu être dit par certaines personnes, et il est facile d'en deviner les motifs. Vous allez bientôt décréter, je pense, l'obligation en matière d'instruction primaires malgré les droits du père de famille, et probablement aussi le service militaire obligatoire comme vient de le faire la Prusse elle-même dans notre propre Alsace. Tout cela est très-bien, sans aucun doute, mais aussi pourquoi, restant logique en cela avec vous-mêmes, ne décréteriez-vous pas, par considération d'ordre supérieur, par considération de la paix sociale, ce premier bien des nations, l'obligation de la prime sur le travail pour arriver à la possibilité de la pension de retraite pour tous, la vieillesse venue?

Enfin, la dernière objection peut être celle-ci: Vous allez donc centraliser quand tout le monde réclame la décentralisation? En ceci, comme en toute chose, il faut distinguer. Oui, je veux la décentralisation pour tout ce qui peut être décentralisé, sans danger pour l'unité politique qui a fait et fera encore la grandeur de la France. Mais à côté de ce qui peut être décentralisé il est des choses qui, par leur nature, gagnent beaucoup à la centralisation. Je ne veux pas les énumérer ici, mais n'est-il pas évident que, si après la concentration politique il est quelque chose qui réclame essentiellement la centralisation, c'est l'Administration de la Caisse de retraite générale. En effet, comment voulez-vous tirer le plus grand parti possible de la perception des primes jointes au jeu de la mortalité humaine si vous n'opérez pas sur la plus grande masse possible? De là l'obligation de centraliser toutes les primes perçues sur le travail français, et cela au plus grand profit de chaque futur pensionné.

Pour en finir avec les objections présentant quelque apparence de gravité, j'ajouterai celle-ci: Par la perception de la prime, n'élèverezvous peut-être pas les prix de revient, non seulement sur les consommations intérieures, mais encore sur le prix des articles destinés à l'étranger? Cette objection pourrait avoir une certaine valeur si la France vivait comme l'Angleterre sur une grande exportation d'objets communs et à bas prix. Mais la masse des produits français exportés porte exclusivement sur des objets de luxe, de goût et de fantaisie qui craignent beaucoup moins une surélévation de prix. Eh! puis, qui ne sait que tous les peuples de l'univers se trouvent comme nous aux prises du problème à résoudre entre les prétentions du capital et celles du travail, et que par la force de la nature des choses et du temps, ce sera le capital qui, sous peine de mort, sera contraint, même sans violence, à faire des concessions au travail. Soyons donc sages, encore une fois, Messieurs, et faisons des concessions économiques pour n'être jours pas obligés de les accepter. Les révolutions par en haut sauvent toules États quand ceux qui les font les exécutent, ni trop tôt, ni trop tard, mais avec opportunité, et elles préservent des révolutions par en bas, qui, tout au moins, dévastent avant de rien fonder.

Voici maintenant le projet de loi dans son texte. Inutile de vous dire que je n'attache aucun prix à sa rédaction et que je me trouverai fort heureux si, plus habiles que moi, d'autres le perfectionnent. Je ne tiens qu'à la pensée mère, c'est-à-dire à la généralité et à l'obligation de la prime combinée par la solidarité sociale avec la loi de la mortalité humaine, le tout en vue de la retraite générale pour tous les Français ayant atteint l'âge de cinquante-cinq ans. Tout le reste n'est que mécanisme administratif dont je ne vais soutenir la rédaction et le jeu que jusqu'à ce que, Messieurs, vous ayez trouvé mieux que moi, ce qui, bien sûr, ne vous sera pas difficile.

CAISSE DE RETRAITE GÉNÉRALE

POUR TOUS LES FRANÇAIS.

—

PROJET DE LOI.

ARTICLE PREMIER.

Au moment de l'inscription, sur les registres de l'état civil, de la naissance des enfants des deux sexes, l'Etat, par la personne des maires, est tenu de faire remettre aux parents des nouveaux-nés et par numéro d'ordre, un livret dit: *Livret-civil*, portant d'abord la reproduction *in extensum* du texte de la présente loi et en second lieu, l'extrait de naissance en se conformant aux indications du modèle A, ci-annexé.

Le coût du *Livret-civil* sera de 0,50.

Commentaire :

Ces Livrets-civils, qui auront l'avantage de pouvoir servir à leurs titulaires dans bien des circonstances de la vie, remplaceront efficacement les passeports qui n'arrêtent guère les criminels, mais qui servent à vexer les citoyens. En outre, ils feront disparaître de notre société, démocratisée bongré, malgré, par la force du temps, cette espèce de signe personnel et exceptionnel d'un vieux reste de servage qui se rattache à l'obligation pour l'ouvrier seulement de posséder son livret.

Quant au rôle que le Livret-civil, qui cesse d'être un signe de servage, précisément parce qu'il devient obligatoire pour tous, remplit dans le mécanisme du projet de loi, il est primordial, c'est la clef de l'œuvre. Mais devant durer toute la vie, sauf le cas prévu de son épuisement qui entraîne le remplacement forcé, il doit être fabriqué dans des conditions de solidité et de commodité portatives absolues. C'est pour cela qu'il doit être relié en parchemin de couleur naturelle et avoir les dimensions suivantes : 0,15es de hauteur, 0,10es de largeur et 0,02es d'épaisseur. En outre, il est nécessaire qu'à l'intérieur, il soit d'un papier solide, quoique mince, filigrane en carrés pouvant contenir chacun un chiffre, et qu'il soit rayé verticalement et horizontalement comme l'indique le modèle A, annexé au projet de loi.

Tous ces détails sont minutieux, ils semblent presque ridicules ; mais de leur observation absolue dépendent l'ordre et la marche régulière de la loi, voilà pourquoi je m'y laisse aller.

MODÈLE A.

CAISSE DE RETRAITE GÉNÉRALE

POUR TOUS LES FRANÇAIS.

LIVRET - CIVIL

---

*Numéro d'ordre.*_____

Nom _____

Prénoms _____

Sexe _____

Né le _____

A _____

Commune de _____

Canton de _____

Département de _____

Signature du titulaire _____

DATES	SOMMES primées	taux du salaire	PRIMES versées	AMENDES au crédit de la Caisse	Signature, domicile par commune des payeurs ou percepteurs.

Art. 2.

Pour les individus des deux sexes, nés avant la promulgation de la présente loi, les parents légitimes ou naturels seront tenus, sous leur responsabilité, de pourvoir leurs enfants de Livrets-civils et de s'adresser pour cela aux maires des communes où les enfants sont enregistrés. Cette obligation, frappant les parents, reste à leur charge jusqu'à l'âge de l'émancipation ou de la majorité de leurs enfants. Quand ceux-ci sont majeurs, l'obligation et la responsabilité leur restent personnelles jusqu'à l'âge de 55 ans révolus. Si pour une cause quelconque, l'enregistrement de la naissance n'avait pas eu lieu, ou que, ayant eu lieu, les registres eussent disparu, les maires sont autorisés, en ces cas exceptionnels, et en suivant les réglements qui les régissent, de remplir d'office les Livrets-civils demandés et de les remettre ou expédier à leurs titulaires.

Toute infraction aux présentes dispositions, six mois après la promulgation de la présente loi, sera punie d'une amende de 1 franc à 100 francs, selon la position des négligents.

L'amende sera versée à la caisse du percepteur du canton et au crédit de la Caisse de retraite générale.

Commentaire.

Le but des dispositions de cet article est de faire qu'au moment où commenceront les travaux des futurs pensionnés, ceux-ci se trouvent en possession du Livret-civil qui doit servir à constater les primes ajoutées au salaire du travail, base de la retraite. Sans l'amende, beaucoup de personnes, par simple négligence, arriveraient à cet âge de la vie où le travail est possible et ne seraient pas en possession du Livret-civil indispensable au fonctionnement de la loi. L'homme est souvent paresseux, négligent, même quand il y va de ses propres intérêts, de son bonheur. Les hommes d'Etat, honnêtes, ne doivent pas craindre dans ces cas de violenter un peu les populations. Sans cela on n'arriverait à aucun progrès, à aucune amélioration, même la plus simple.

Art. 3.

En cas de perte du Livret-civil, son titulaire ou ses parents ont toujours le droit de s'en procurer un second, auprès du maire du lieu de naissance, et contre une nouvelle somme de 0, fr. 50. Le nouveau Livret-civil devra porter le même numéro que celui perdu et indiquer qu'il est délivré par duplicata.

Art. 4.

Toute personne, quels que soient son sexe et son âge, jusqu'à 55 ans révolus, qui voudra se livrer à un travail quelconque rétribué, dans le sens absolu que l'indique l'art. 5 de la présente loi, sera tenue de déposer temporairement son Livret-civil entre les mains de celui ou de ceux qui l'emploient. Quand le dépôt sera fait, pour la première fois, le patron, le maître ou le chef du travailleur devra faire apposer la signature de celui-ci, et en sa présence, à l'endroit réservé à cet effet sur le Livret-civil. Si le travailleur ne sait signer, le patron le constate à la même place.

Tout individu, qui se présentera pour faire un travail quelconque sans être porteur de son Livret-civil, sera passible de l'amende dont parle l'art. 2 et sans préjudice pour pareille amende qui frappera celui qui l'aura employé. Cette amende suivra le même cours que celle édictée ci-avant.

Commentaire.

L'article ci-dessus ne fait que consacrer un usage constant dans l'industrie; seulement, il le généralise à toute personne tombant sous le coup de l'article 5. Quant à l'amende, c'est toujours l'application du proverbe : *Qui veut la fin doit vouloir les moyens.*

ART. 5.

Tout payeur d'une somme quelconque, sauf les payements commerciaux ou civils dont il est parlé à l'art. 12, payée à un Français ou à un étranger, à titre de gages, salaire, appointements, honoraires ou traitement, que le payement en soit fait ou calculé au prix fixe de la journée, de la semaine, du mois, de l'année, ou enfin, à titre de remise ou commission proportionnelle remplaçant un salaire quelconque, sera tenu, sous peine de 500 fr. d'amende pour chaque infraction, d'ajouter un sou par franc, soit 5 %, à la somme due au travailleur, à l'employé, au fonctionnaire civil ou militaire, au magistrat ou prêtre desservant une paroisse admise par l'Etat, quels qu'aient pu être les débats ayant précédé verbalement ou par écrit la fixation du salaire convenu.

L'amende suit le même cours que celles édictées ci-avant.

Si la somme payée représente un salaire journalier dépassant dix francs, l'addition à faire sera réduite à 2 1/2 0/0.

Aucune addition n'est obligatoire pour toute personne qui, à un titre quelconque, paye des salaires non réguliers, et inférieurs à 1 franc pour les hommes et 0, 50 pour les femmes.

Deux exceptions sont créées au principe absolu de l'article 5. Elles concernent l'Etat, d'une part, et ceux qui sont déjà assurés, de l'autre. Quant à l'Etat il est dispensé de l'obligation qui incombe à tous les payeurs de salaires, pour ceux de ses employés civils ou militaires qui, au moment de la promulgation de la présente loi, ont droit à une retraite quelconque. Pour le compte des autres, il sera tenu de verser aux caisses des percepteurs non seulement les primes futures à ajouter au salaire; mais encore celles portant sur les salaires déjà payés.

Sont également dispensés d'ajouter des primes aux salaires qu'ils payent, ceux qui auraient à payer des personnes déjà engagées par contrat dans des assurances privées assurant une retraite de même nature que celle dont s'occupe la présente loi.

Commentaire

Avec l'ignorance, peut-être systématique, dans laquelle les temps ont laissé une certaine portion des masses, il était impossible, en attendant les résultats définitifs, mais encore trop éloignés de l'instruction primaire obligatoire, de s'en rapporter à elles du soin de procéder au dressement des petits comptes de leurs Livrets-civils. De là l'obligation générale aux payeurs, qui, eux au moins en savent assez pour cela, de dresser ces comptes au moment du payement des salaires. Pour l'amende, elle doit être forte ici, afin d'empêcher les fraudes qui pourraient s'établir même entre le payeur et le payé. Quant à l'inégalité des primes à percevoir, résultant de la différence entre 5 et 2 1/2 0/0, elle a pour but de ne pas dépasser la limite de la pension alimentaire de la vieillesse, quel que soit le prix de la journée. C'est là le seul objet de la loi ou plutôt son principal but. Le minimum fixé se propose de mettre en dehors de l'obligation, les rétributions journalières des mille travaux de la vie courante. Il ne faut pas tracasser le public par les infiniment petits quand ils sont irréguliers.

Pour les fonctionnaires civils, militaires et religieux il y a ceci à dire : je parle d'abord des civils et des militaires. L'État leur assure une retraite au moyen de retenues faites sur leurs appointements, mais il ne les fait pas jouir des intérêts composés, capitalisés par trimestre jusqu'au jour où il commence à payer les pensions, pas plus qu'il ne leur adjuge le bénéfice résultant de l'accumulation des retenues, avec leurs intérêts composés, des fonctionnaires morts avant leur mise à la retraite. Tout cela constitue une diminution importante dans le chiffre des pensions de retraite, tandis qu'avec ma combinaison, tout Français, sans exception, jouit à sa retraite, non-seulement de l'accumulation, avec intérêts capitalisés des retenues ou primes qui ont été ajoutées à leur traitement, mais encore de tous ces mêmes résultats laissés par les morts ; d'où il résulte, je crois, qu'avec mon système, les retraités civils et militaires jouiraient d'une pension plus élevée que celle qu'ils reçoivent. Reste à dire quelques mots des religieux. L'église, avec son système de gouvernement absolu, soit pour le spirituel, soit pour le temporel, a toujours eu une sainte horreur pour les retraites, autres que celles consenties gracieusement par les évêques. Je sais bien que cette manière de faire procède d'un système que je ne veux pas qualifier, mais nous, gens laïques et libéraux qui voyons avant tout par les vrais principes de la charité chrétienne, n'aurons-nous pas pitié de ces pauvres vieillards laissés aux caprices d'un évêque quelconque ? Pour ma part, je suis d'avis de n'exclure personne des bienfaits de la retraite, pas même les religieux. Ce sont des hommes comme nous et quand l'âge arrive, les besoins sont aussi impérieux chez eux que pour toute autre personne. Donc, à mon avis, l'État doit, d'office, et dans l'indépendance de sa souveraineté, admettre les religieux, qu'il salarie, à la retraite générale. Pour ceux qu'il ne salarie pas, ils doivent tomber sous le coup de l'art. 13.

Quant aux personnes dont parle l'art. 5, mais qui sont déjà assurées, elles se divisent en deux catégories : ou elles sont engagées dans la cause des retraites pour la vieillesse ou elles ont traité avec des compagnies particulières. Dans le premier cas, leur entrée dans la nouvelle combinaison est des plus simples, tout se résume à un transport de compte pour le passé. Ceux qui sont déjà engagés dans des compagnies par contrats, ont une position différente si leur assurance a pour résultat une retraite payée annuellement par la compagnie. Dans ce cas, il y aurait double emploi, la présente loi ne les atteint pas, mais il faut qu'ils justifient de cette position. Pour les autres, ceux qui, quoique assurés pour une fin quelconque, n'ont pas de retraite annuellement payée, ils restent sous l'empire de l'art. 5.

En résumé de ce-commentaire sur l'art. 5, tout le monde doit être assuré d'une retraite pour ses vieux jours. Si l'État ne voulait pas changer ses errements en ce qui concerne les fonctionnaires civils, militaires et religieux, rien n'empêche de supprimer ceux-ci de la nomenclature et de procéder à l'assurance de tous les autres. Il en reste encore assez ; ils formeront même la masse de la nation.

Art. 6.

Si le travail, au lieu d'être fait à la journée, est exécuté à la pièce, la même obligation pèse sur le payeur, et s'il s'agit d'un travail dans le prix duquel entre la valeur de la matière employée, que cette matière ait été fournie par le travailleur ou le payeur, celui-ci d'accord avec celui-là fait la distinction entre la valeur de la matière et le prix du travail, qui seul est sujet à prime.

Commentaire.

L'article 6 a pour but de ne pas laisser en dehors de la prime le travail à forfait, souvent si considérable dans certaines industries. La difficulté apparente, qui semblerait surgir de cette dinstinction, disparaît, quand on songe à la connaissance parfaite qu'ont les parties du prix exact de la matière employée.

Art. 7.

Cette addition, au salaire convenu, est une concession du capital au travail, elle est volontaire, elle devient légale, mais elle n'est créée qu'au profit de la retraite des travailleurs ; elle sera retenue et provisoirement conservée par le payeur. En outre, si le payé est Français, elle sera couchée par le payeur sur le Livret-civil du payé en suivant l'ordre des colonnes comme l'indique le modèle A, ci-annexé.

Si, au contraire, le payé est étranger, la prime conservée sur son travail, sera versée par le payeur à la caisse du percepteur du canton au crédit de la caisse de retraite générale, à moins que l'étranger ne se fasse naturaliser Français; dans ce cas, il sera procédé à son égard comme à l'égard des autres assurés, quand il se sera pourvu d'un Livret-civil auprès de la Mairie qui aura enregistré sa naturalisation.

Les versements au crédit de la caisse de retraite générale sont couchés sur le Carnet des versements des payeurs et à leur colonne spéciale modèle B, ci-annexé.

Le Livret-civil, ainsi tenu en ordre par les payeurs à chaque payement de salaire ou d'appointements, ne sera rendu à son titulaire que le jour où il quittera son travail ou sa fonction.

Si par extraordinaire, ni le travailleur ni le payeur ne savaient remplir les colonnes du Livret-civil, ils ont le droit de réquérir le concours gratuit d'un conseiller municipal de la commune où ils se trouvent au moment du réglement de compte. Ce concours est obligatoire pour le conseiller qui sera condamné à 50 fr. d'amende en cas de refus. Une amende de 500 fr. frappera les payeurs qui ne verseraient pas les primes ajoutées au salaire des étrangers.

Commentaire.

Le point essentiel, pour que la loi soit bien accueillie par tous et par les masses principalement, c'est qu'elle porte, dans sa rédaction même, l'empreinte de la concession du capital au travail. Que la loi économique de l'offre et de la demande vienne, néanmoins et comme toujours, apporter des variations quelconques dans la fixation des salaires, c'est une autre affaire, à laquelle il n'y a pas de remède, mais il resteront toujours les bienfaits généraux de la perception des primes, c'est-à-dire l'esprit d'ordre et d'économie développés au profit de la vieillesse de tous. La prime ajoutée, même au salaire des étrangers, a pour but et elle aura pour résultat d'empêcher que les payeurs de salaire, ne recherchant naturellement que leurs intérêts, quelques minimes qu'ils soient, n'emploient que des travailleurs étrangers; ceci pour les frontières principalement.

Quant à la tenue des petits comptes des Livrets-civils, elle est tellement bien indiquée par l'en-tête des colonnes du modèle A, annexé à la loi, qu'elle reste des plus faciles, même pour les patrons qui savent seulement lire et écrire.

Art. 8.

Dans les quarante heures, qui suivront la date du réglement dont parle l'art. 7, le payeur a pour obligation de verser la somme des primes conservées par lui à la caisse du percepteur de sa commune. Si le payeur ne réside pas dans le lieu qu'habite le percepteur, il sera tenu de faire son versement le jour de la tournée du percepteur dans la commune. Le tout sous peine d'une amende qui sera la somme à verser multipliée par dix, et versée à la caisse du percepteur au crédit de la Caisse de retraite générale et dans les formes dites déjà.

Ces versements seront faits dans les conditions indiquées par les entêtes du Carnet des versements, modèle B, ci-annexé. Ces Carnets, fournis par l'État seront à la disposition des payeurs dans toutes les mairies de France et contre la somme de 0,75 cent. l'un.

Commentaire.

Dans l'intérêt de l'État, qui doit jouir des arrérages des versements durant 90 jours à partir de leur date du payement au percepteur, il était fort utile d'accélérer ces versements des primes à la caisse des percepteurs. La célérité du payement n'en augmente pas la difficulté, mais il n'y a que l'amende pour avoir raison des retards et de la mauvaise foi.

CAISSE DE RETRAITE GÉNÉRALE

POUR TOUS LES FRANÇAIS.

CARNET DES VERSEMENTS

DES PAYEURS.

Payeur

Domicile

Commune

Perception d

Commune d

Département d

N° du Livret-civil. _____   N° du Livret-civil. _____

Nom. _____   Nom. _____

Prénom. _____   Prénom. _____

Sexe. _____   Sexe. _____

Né le _____   Né le _____

A _____   A _____

Commune de _____   Commune de _____

Canton de _____   Canton de _____

Département de _____   Département de _____

Dates.	Sommes primées.	Taux du salaire.	Primes versées.	Amendes au crédit de la caisse.	Signature et domicile des percepteurs.	Dates.	Sommes primées.	Taux du salaire.	Primes versées.	Amendes au crédit de la caisse.	Signature et domicile des percepteurs.

N° du Livret-civil ___   N° du Livret-civil ___

Nom. _____   Nom. _____

Etc.   Etc.

NOTA. — Pour le dressement de ce tableau, il y aura lieu à consulter les payeurs employant beaucoup d'ouvriers, afin que le même carnet puisse servir aux payements des salaires et aux versements des primes.

Art. 9.

Les percepteurs seront en possession de registres spéciaux dits : Registres des primes, modèle C, ci-après annexé. C'est sur ces livres à souche qu'ils inscriront leurs encaissements et dont ils donneront quittance aux payeurs, par leur signature datée et apposée sur le Carnet des versements des payeurs de primes. Ces enregistrements ne seront que la copie des Livrets-civils répétés par les Carnets des versements,

Commentaire.

Le but du registre à souche est d'empêcher, par le contrôle qu'il permet, la fraude chez le percepteur. La reproduction complète des Livrets-civils est indispensable pour l'établissement de la comptabilité générale et le service des pensions. Quant à la signature donnée au payeur, non-seulement elle le décharge de l'obligation du versement qui lui incombe, mais, donnée sur un registre, elle lui procure le moyen commode de conserver la justification de ses payements. Ces détails semblent appartenir plutôt à un règlement administratif qu'à un texte législatif. Néanmoins, si j'y suis entré, c'est qu'en cette matière on ne saurait trop apporter, je crois, de règles fixes, à cause du public qui, lui aussi, a besoin de fixité dans les choses pour procéder avec plus de facilité et de régularité dans la part de travail qui lui revient. Les règlements administratifs, par leur nature, changent trop souvent les règles admises. Cela peut ne pas avoir grand inconvénient, quand les modifications ne s'adressent qu'aux employés et à la partie éclairée de la population ; mais ici, nous sommes en présence des masses, il ne faut pas l'oublier. Donc étudions bien le meilleur des systèmes à faire fonctionner ; mais, une fois trouvé, consacrons-le par la loi, qui doit devenir le *Credo* économique et pratique des populations.

Art. 10.

Tout porteur de Livret-civil a le droit de se présenter chez le percepteur, qui a reçu ses primes par les versements des payeurs, et de collationner avec lui son Livret-civil et le Registre des primes.

Commentaire.

Les fraudes de toute espèce, qui encombrent notre pauvre humanité, justifient le droit que donne la loi aux intéressés de veiller par eux-mêmes à leurs propres affaires. Ceux qui, dans l'espèce, ne savent pas encore lire pourront se faire aider de leurs amis, en attendant que l'instruction primaire obligatoire ait porté ses fruits. Ce contrôle, au reste, sera très-facile, pour ceux qui voudront en user, car les registres des percepteurs, comme les Livrets-civils, porteront la même date pour les versements effectués.

Art. 11.

Tout Livret-civil épuisé ou perdu par son titulaire pourra être remplacé. Dans les deux cas, c'est toujours au maire de la commune de naissance qu'il doit s'adresser. Ces duplicata, qui doivent porter le même numéro d'ordre que l'original perdu, coûteront également 0,50 cent.

MODÈLE C.
CAISSE DE RETRAITE GÉNÉRALE
POUR TOUS LES FRANÇAIS.

DÉPARTEMENT

d

SOUCHES.

CANTON OU PERCEPTION

d

COUPONS.

REGISTRE DES PRIMES
pour les Percepteurs.

N° du Livret-civil._____

Nom._____

Prénom._____

Sexe._____

Né le _____

A _____

Commune de _____

Canton de _____

Département de _____

Payeur._____

N° du Livret-civil._____

Nom._____

Prénom._____

Sexe._____

Né le _____

A _____

Commune de _____

Canton de _____

Département de _____

Payeur._____

Dates.	Sommes primées.	Taux du salaire.	Primes versées.	Amendes au crédit de la caisse.	Domicile, canton et département du percepteur.

N° du Livret-civil _____

Nom. _____

Etc.

Dates.	Sommes primées.	Taux du salaire.	Primes versées.	Amendes au crédit de la caisse.	Domicile, canton et département du percepteur.

CAISSE DE RETRAITE GÉNÉRALE

N° du Livret-civil _____

Nom. _____

Etc.

CAISSE DE RETRAITE GÉNÉRALE

Commentaire.

Le même numéro est indispensable pour faciliter la recherche à la comptabilité générale du compte à continuer. Si le premier Livret-civil est épuisé, le travailleur ou plutôt les payeurs n'ont qu'à continuer leurs petites opérations sur le second comme sur le premier. S'il est perdu et que son titulaire tienne à la reconstitution du compte, il peut y arriver au moyen du Carnet de versement de ses patrons ou des registres des percepteurs, bien que cette reconstitution du passé ne lui soit pas absolument indispensable, ni pour continuer son assurance, ni pour l'administration qui est déjà saisie des versements antérieurs à la perte dudit Livret-civil.

Art. 12.

Sont exceptés de l'obligation dont parlent les articles 5 et 6, tous les payeurs d'une somme quelconque, ayant pour but l'acquittement d'une dette civile ou commerciale, à moins que la somme ne comprenne le payement d'un salaire quelconque, auquel cas, il sera procédé par le payeur à la distraction de la somme représentant le salaire et pour lequel il sera procédé comme pour tous les salaires en général.

La même exception et réserve sont également faites pour les payeurs qui s'acquittent de leurs dettes envers des personnes exerçant des professions libérales ou artistiques pures.

Les obligations d'assurance, qui incombent à ces catégories, sont réglées par l'art. 13.

Commentaire.

J'ai bien réfléchi à la portée de ces exceptions et je les ai adoptées pour les raisons suivantes : quant au commerce il est impossible de lui retenir une prime quelconque sur ses payements ou encaissements, sans condamner tout le monde à ne pouvoir jamais rien acheter ou payer qu'avec le Livret-civil à la main. Je fais la même observation pour les payements civils. La distinction entre le civil et le commercial restait d'ailleurs fort difficile, et puis la meilleure raison, c'est que cela m'éloignait trop du vrai principe, qui sert de base principale au projet de loi : la retraite calculée sur le salaire payé. Quant aux personnes exerçant des professions libérales ou artistiques pures, elles sont peu nombreuses, comparativement aux masses ; je les comprends néanmoins dans l'exception, parce que les payements qui leur sont faits ne sont pas des salaires comme l'entend l'art. 5. Cependant comme l'obligation à l'épargne est aussi une des bases du projet, j'ai assujéti toutes ces exceptions à un mode d'assurance régi par les articles suivants.

Art. 13.

Toute personne émancipée ou âgée de vingt et un ans qui ne se trouve pas comprise dans les catégories des salariés qu'embrassent les art. 5 et 6, sera tenu à l'obligation de verser mensuellement et directement à la caisse du percepteur de son canton, telle somme qu'il jugera à propos, sans que cette somme puisse néanmoins être inférieure à 2 fr. 40.

Ce versement sera fait directement au moyen du Livret-civil dont doit être pourvue toute personne. Le percepteur donnera reçu de la somme versée, par sa signature, datée, qu'il apposera sur la colonne du Livret-civil réservée à cet effet.

Commentaire.

Cet article 13 condamne donc à l'épargne et en vue de la retraite tout le monde, même les non salariés, que l'on soit propriétaire ou commerçant, par la raison qu'il n'est pas rare de voir des gens, riches dans un temps, tomber dans la misère à l'âge de la vieillesse, absolument comme un simple salarié non retraité, témoin la création aristocratique de Ste-Périne. Ces riches ruinés deviennent alors par leur déclassement, souvent plus ennemis de tout ordre social que les travailleurs eux-mêmes. Ceux dont la sagesse aura rendu inutile la pension de retraite en disposeront comme ils l'entendront. Dans tous les cas, ils ne feront jamais un placement plus sage que celui auquel les oblige le projet de loi. Le minimum de la somme à verser par mois, soit 2 fr. 40, donne 7 fr. 20 par trimestre, exactement la même somme que celle qui sera versée pour le compte des salariés à 2 fr. par jour. Ceux qui voudront s'assurer une plus forte retraite, l'étalon en est donné plus loin, n'auront qu'à verser des primes plus élevées. Quant à moi, j'ai fixé le versement au minimum de 2 fr. 40 pour rester, autant que possible, dans le vrai principe de la loi: les petites pensions pour la vieillesse.

ART. 14.

Les pères et mères des individus, dont parle l'art. 13, et qui n'ont pas atteint l'âge de l'émancipation ou de la majorité, ainsi que les tuteurs et subrogés tuteurs, sont responsables desdits versements minimum à partir de l'âge de 15 ans au moins.

Les versements faits, soit en conformité des art. 5 et 6, soit en vertu des art. 13 et 14, sont incessibles et insaisissables, à moins que par leur importance, ils aient la puissance de procurer à l'assuré arrivé à l'âge de 55 ans une pension personnelle supérieure à 1,200 fr. Cette puissance sera démontrée par le taux de 5 p. % capitalisé par trimestre jusqu'à l'âge de 55 ans de l'assuré, et de 10 p. % pour la pension à servir à partir de cet âge.

Commentaire.

J'indique l'âge de 15 ans, pour le commencement des versements, parce qu'il meurt énormément d'enfants et que leurs versements dès lors seraient perdus pour leurs parents, dans de trop grandes proportions, le système du projet de loi faisant bénéficier les vivants des morts. En second lieu, je les mets à l'abri de toute espèce de créanciers, quand ils ne dépassent pas les bornes moyennes de la pension alimentaire, parce que la nécessité de manger prime toute autre considération.

ART. 15.

Tout individu qui se sera soustrait aux obligations que lui imposent les articles 13 et 14, sera condamné à une amende de 50 à 1,000 francs suivant sa position. Il sera privé, en outre, de ses droits politiques et inadmissible à toutes fonctions publiques. Cette amende, comme toutes celles édictées par la présente loi, passe par le percepteur au crédit de la masse des assurés.

Commentaire.

C'est là la peine de l'imprévoyance si souvent funeste à la société et aux individus. Il vaut mieux pousser et forcer même à l'économie raisonnable qu'au luxe effréné. Il n'y a pas lieu de trouver cette amende trop forte, quand on songe à l'apathie dans laquelle, même contre leurs propres intérêts, se laissent aller un trop grand nombre de citoyens.

Art. 16.

Les percepteurs, en possession des primes des futurs pensionnés sont tenus de les transmettre aux caisses publiques en même temps que les contributions directes. Ces versements seront accompagnés d'un bordereau sommaire qui, par la signature des trésoriers généraux, déchargera les percepteurs de leur responsabilité.

Quant aux Coupons des Régistres des primes (modèle C, ci-avant annexé), ils seront détachés de leurs souches par feuilles entières, par trimestre seulement et transmises, dans les 24 heures, et par un seul paquet, aux trésoriers généraux.

Commentaire.

Il faut activer, le plus possible, les versements aux caisses publiques, sans rendre pourtant la chose plus prompte que pour les contributions. Cela suffit et ne réclame pas de nouvelles courses pour les percepteurs.

Art. 17.

Les trésoriers généraux disposent des fonds qu'ils reçoivent de ce chef, comme de tous ceux qui leur sont versés pour le compte de l'Etat. Mais ils sont dans l'obligation d'expédier au ministère des finances dans le délai de 24 heures et par un seul paquet, les états des primes perçues par les percepteurs de tout leur département. Cet envoi devra être accompagné d'un bordereau qui, résumant les versements de chaque canton, donnera le chiffre total des états trimestriels expédiés.

Commentaire.

Le travail des trésoriers se résume à peu de chose pour l'exécution de la loi. Mais l'envoi immédiat des pièces est indispensable: la comptabilité générale attend. Quant au chiffre total en francs des pièces envoyées au ministère des finances, il est non-senlement nécessaire à la comptabilité qui existe entre le trésor et les receveurs généraux, mais encore à l'exécution de l'article suivant.

Art. 18.

Le Ministre des finances, aussitôt l'avis d'encaissement et la réception des états de versements, (feuille-coupons, des Régistres des primes des percepteurs), passe ceux-ci, tels qu'il les reçoit, à la Caisse des dépôts et consignations, et, en possession du chiffre total des versements effectués par tous les départements, détermine la proportion dans laquelle la rente française figurera dans le total des acquisitions à faire.

Commentaire.

L'intervention du ministre dans l'emploi des fonds résulte d'une nécessité d'ordre supérieur : les cours de la rente à pondérer. Je développe plus loin cette question importante ; elle se relie trop à l'intérêt de l'Etat pour l'attacher au commentaire d'un seul article.

Art. 19.

La Caisse des dépôts et consignations, saisie de tous les états de versement des percepteurs, ouvre un compte particulier à chaque titulaire de Livret-civil, conformément au modèle D, ci-annexé, et au moyen du modèle E, également ci-annexé. Elle le crédite de toutes les sommes versées par lui, ainsi que de la part qui lui revient à chaque trimestre dans les arrérages des fonds placés, que ceux-ci proviennent des versements en capitaux de primes, d'intérêts, d'arrérages, ou d'amendes encaissées par les percepteurs.

Ce créditement se poursuit jusqu'à la mort du titulaire du Livret. Si celui-ci meurt avant cinquante-cinq ans révolus, le total de son crédit passe à la masse des assurés par fraction proportionnelle au crédit de chacun d'eux. S'il dépasse cet âge, il est débité de la pension semestrielle qui lui est servie à 10 0/0 durant toute son existence. A sa mort, son compte est balancé. S'il est créditeur, le solde passe au débit du compte de profits et pertes, et, s'il est débiteur, au crédit de ce même compte.

Comme résumé de tous les comptes particuliers, la Caisse des dépôts et consignations ouvre un compte entre la Caisse de retraite générale et le trésor public, dont le contrôle s'opère au moyen du modèle F, ci-annexé, et que dresse la Caisse de retraite générale. Ce compte s'alimente par débit ou crédit de toutes les opérations et mutations de compte qui peuvent survenir entre l'Etat et la Caisse de retraite générale, à la suite des versements des assurés, des acquisitions, des reventes faites par l'Etat pour le compte de ladite caisse et du payement des pensions.

Les acquisitions, faites par l'État pour le compte de la Caisse de retraite générale, ne se font que 90 jours après la date de l'encaissement des primes par les percepteurs.

MODÈLE D.

CAISSE DE RETRAITE GÉNÉRALE

POUR TOUS LES FRANÇAIS.

COMPTES-COURANTS.

Nº du Livret-civil.			Nº du Livret-civil.			Nº du Livret-civil.			Nº du Livret-civil.		
Nom.			Nom.			Nom.			Nom.		
Prénom.			Prénom.			Prénom.			Prénom.		
Sexe.			Sexe.			Sexe.			Sexe.		
Né le			Né le			Né le			Né le		
A			A			A			A		
Comm. de			Comm. de			Comm. de			Comm. de		
Départ. de			Départ. de			Départ. de			Départ. de		
18...			18...			18...			18...		
TRIMESTRE	1er.		TRIMESTRE	1er.		TRIMESTRE	1er.		TRIMESTRE	1er.	
Primes.			Primes.			Primes.			Primes.		
Amendes.			Amendes.			Amendes.			Amendes.		
Arrérages.			Etc.			Etc.			Etc.		
TOTAL											
TRIMESTRE	2e.										
Primes.											
Amendes.											
Arrérages.											
TOTAL											
TRIMESTRE	3e.										
Primes.											
Amendes.											
Arrérages du 2e.											
TOTAL											
TRIMESTRE	4e.										
Primes.											
Amendes.											
Arrérages du 3e.											
18...											
TOTAL											
TRIMESTRE. Etc.	1er.										

Nota. — Ce format, des livres à faire, est suffisant, quant à la largeur.

DÉPARTEMENT

CAISSE DE RETRAITE GÉNÉRALE

POUR TOUS LES FRANÇAIS.

CANTON ou PERCEPTION

d

BORDEREAUX

Récapitulatifs pour le dressement des Comptes courants.

d

1er TRIMESTRE 187 .

	COMMUNE A.					COMMUNE B.					COMM
Numéros d'ordre des Livrets civils.	Primes versées.	Amendes, Crédit, Caisse.	Arrérages ou intérêts.	TOTAUX.	Numéros d'ordre des Livrets civils.	Primes versées.	Amendes, Crédit, Caisse.	Arrérages ou intérêts.	TOTAUX.	Numéros d'ordre des Livrets civils.	
1er Total..					1er Total...					1er Total...	

Nota. — Le format doit en largeur pouvoir embrasser toutes les Communes du Canton, s'il devenait par là trop incommode, on ferait plusieurs bordereaux pour le même canton.
Pour quelques Communes, de population extraordinaire, des bordereaux spéciaux pour chacune d'elles deviendront indispensables.

MODELE F.

CAISSE DE RETRAITE GÉNÉRALE

POUR TOUS LES FRANÇAIS

RÉSUMÉ GÉNÉRAL
des Bordereaux récapitulatifs.

1ᵉʳ TRIMESTRE 1872.											
Totaux par Canton.			Totaux par Département.			Totaux par Canton.			Totaux par Département.		
Communes de:						Communes de:					
	fr.	c.		fr.	c.		fr.	c.		fr.	c.
			Ain.						Alpes (Basses-)		
			Aisne.						Alpes (Hautes-)		

Nota. — Le format trop agrandi serait incommode; il y aura donc lieu à dresser le résumé général sur plusieurs feuilles plus larges et successives jusqu'à épuisement complet de tous les départements.

Commentaire.

Cette latitude, laissée à l'Etat, de ne placer les fonds des assurés qu'après 90 jours de jouissance, a pour but de réduire d'autant les intérêts qu'il paye aux porteurs des bons du trésor, et de lui rendre, par là, une partie des frais que lui occasionnera la mise en action de la présente loi, sans compter, bien entendu, les bénéfices que lui réserve sa part sur les résultats financiers laissés par les morts. Quant aux frais de premier établissement, ils sont plus que couverts par la vente des Livrets-civils et des Carnets de versement.

La comptabilité, nécessaire à la tenue de ces millions de comptes, semble, à première vue, toucher à l'impossible. En y réfléchissant un peu, on trouve en définitive que tout se résume à une simple question d'ordre, mais d'un ordre parfait. Seulement, comme la chose est nouvelle, au moins dans son importance, il est bon que je dise ici comment, à mon idée, l'ordre le plus parfait peut s'établir au milieu de milliards se fractionnant en petites sommes au profit d'individus se comptant par millions.

Par les articles de loi, et quelquefois par leurs commentaires, on a pu voir déjà comment, dès l'origine, tous ces petits ruisseaux se classaient et s'acheminaient par des règles uniformes et toujours les mêmes vers ce grand centre qui s'appelle la Caisse des dépôts et consignations, caisse qui, comme la mer, doit recevoir toutes les eaux pour les transformer ensuite en gouttes de rosée bienfaisante.

Arrivés au point où nous en sommes, tout se résume donc à organiser dans la Caisse des dépôts et consignations une annexe destinée au service spécial de la Caisse de retraite générale. Or, voici ce que j'ai imaginé, sauf mieux : un vaste local, et il n'en manque pas à Paris, entre autres le Palais de l'industrie qui ne pourrait recevoir une meilleure destination définitive, du moins pour sa partie supérieure. Ce local, divisé en plusieurs galeries longitudinales et parallèles, représenterait, par sa longueur totale, quelque chose comme deux kilomètres. Deux kilomètres! diront les petites gens. Oui! deux kilomètres. Les magasins du Louvre et ceux de la Belle-Jardinière offrent des galeries dont l'étendue générale atteint, je le crois bien, et dépasse peut-être, ce développement. Ces galeries, je les divise par des séparations mobiles, d'abord en autant de sections qu'il y a de départements en France, soit maintenant 86 ou 87. Je dis mobiles, pour pouvoir agrandir ou diminuer l'espace des sections, selon l'importance en population de chaque département. Puis je divise chaque département, toujours par des séparations mobiles mais plus petites, en autant de compartiments qu'il y a de cantons dans chacun d'eux. Par le même procédé, je divise encore chaque canton en autant de compartiments qu'il y a de communes. Or, chaque commune de canton étant distinguée de sa voisine par son ordre alphabétique, les coupons des registres à primes, dont le numéro recommence pour chaque commune, arrivent, par le dépouillement des paquets envoyés par les trésoriers généraux, au compartiment de la commune qui leur est propre. Les employés additionnent les chiffres des coupons de chaque assuré, et passent écriture, au moyen des bordereaux récapitulatifs (modèle E, ci-avant annexé ;) du total trimestriel, sur les comptes-courants des futurs pensionnés. (Modèle D, ci-avant, également annexé). Voilà, en gros, comment on peut apporter de l'ordre dans l'établissement de comptes embrassant des milliards de francs et des millions d'individus. Quant aux travaux de détail et d'installation du personnel, ce n'est pas le lieu de s'en occuper. Je dirai seulement, que chaque compte sera fort petit dans son volume, malgré les quarante ans de service qu'il doit fournir, par la raison qu'il n'est appelé à recevoir que douze sommes par an, quatre pour les versements, quatre pour les arrérages et quatre pour les amendes. Le contrôle général et particulier s'établit par le jeu même de la comptabilité.

ART. 20.

Arrivés à l'âge de 55 ans révolus, les Français des deux sexes, ayant leur compte ouvert, auront le droit de réclamer la liquidation et le payement de leur pension. La demande devra en être adressée au Ministre des finances en indiquant le lieu de résidence qu'aura choisi le retraité. Durant la première période de 40 ans, principalement, les assurés auront le droit de retarder l'époque de la demande de la liquidation de leur pension, jusqu'au moment où il leur plaira d'user de leur droit. Par contre, tout assuré, qui tombe dans l'incapacité de son travail ordinaire avant l'âge de 55 ans révolus, a également le droit de demander la liquidation de sa pension. Elle portera sur le crédit total de son compte; mais jusqu'à l'âge de 55 ans l'État ne lui en payera les intérêts que sur le pied indiqué par les tables de mortalité de Déparcieux.

Commentaire.

Cette latitude laissée après 55 ans provient de ce que, durant la première période de 40 ans seulement, beaucoup de travailleurs ou d'assurés auront plus de 15 ans quand ils entreront dans l'assurance; d'où pour eux, l'impossibilité de fournir des primes durant 40 ans, temps nécessaire pour arriver au maximum de la retraite proportionnelle à leur travail ou versements. Par cette latitude ceux qui pourront encore travailler ou verser après 55 ans rattraperont, dans une certaine mesure, le temps perdu. Pour ceux qui tomberont dans l'incapacité, il est évident qu'on ne pouvait les laisser sans ressource aucune jusqu'à 55 ans alors que l'État détenait leurs primes.

ART. 21.

L'incapacité dont il est parlé à l'art. 20 sera constatée par certificat de médecin gratuit et obligatoire, sous peine de 50 fr. d'amende et corroborée par délibération du conseil municipal de la commune où se trouve l'incapable.

Commentaire.

C'est ici un cas d'humanité, il faut donc que les médecins fonctionnent gratuitement. Je ne suis ni pour les sinécures, ni pour les monopoles rétribués, je suis pour la solidarité sociale. Dans la limite de la loi, il faut qu'elle soit non facultative, mais obligatoire en toute chose. C'est comme cela qu'on fait de la bonne fraternité.

ART. 22.

A mesure de l'arrivée à la Caisse des dépôts et consignations des demandes de liquidation de pension, le compte du demandeur est arrêté, mais par fin de trimestre seulement et après la dernière application des arrérages faite audit compte. Sur son total, l'État sert une pension viagère et personnelle calculée sur le taux de 10 p. % par an.

Commentaire.

Le taux de 10 p. % n'est accordé, par les compagnies, qu'à l'âge de 60 ans, mais j'explique plus loin pourquoi le gouvernement peut adopter ce taux dès 55 ans.

Art. 23.

Les comptes de retraite ainsi réglés, la Caisse reportera le chiffre de la pension annuelle sur le premier verso collé du Carnet de chèques, conformément au modèle G, ci-annexé. Les payements en seront faits par les percepteurs en deux semestres, sur le détachement des coupons opéré par eux. Le Carnet de chèques sera transmis à son propriétaire par l'intermédiaire du Maire de la commune où il aura fixé sa résidence.

Commentaire.

Cette introduction du Carnet de chèques peut être une nouveauté dans le payement des pensions. Mais je l'adopte par la raison qu'il simplifie de beaucoup le vieux rouage, tout en donnant la sécurité nécessaire contre le payement des pensions, fait à des tiers, alors que les titulaires seraient morts. Son volume doit être tel, qu'il puisse ne pas obliger les pensionnaires à le renouveller souvent, surtout pour ceux qui atteignent l'extrême vieillesse. Dans tous les cas les coupons seront faits en duplicata, l'un pour la comptabilité de la Caisse de retraite, l'autre pour le règlement de compte du percepteur avec l'État.

Art. 24.

Les coupons de retraite semestrielle seront payables au porteur du Carnet de chèques, modèle H, ci-annexé, mais ils ne seront payés que s'ils portent le visa du Maire de la commune où réside le pensionné, visa qui équivaudra à toute constatation légale de l'existence de ce dernier.

Commentaire.

Vu la position des pensionnés, surtout ceux de la campagne, il était indispensable de payer les pensions presque à domicile et de les rendre payables au porteur à cause des infirmités qui souvent atteignent la vieillesse. Mais il fallait aussi éviter les fraudes; or, l'intervention du percepteur, d'un côté, et la signature du Maire, de l'autre, atteignent suffisamment ce dernier but.

Art. 25.

Les chèques ainsi payés par les percepteurs seront adressés directement par eux à la Caisse des dépôts et consignations qui en débitera les comptes respectifs des assurés ; le duplicata du coupon sera versé par

MODÈLE G.

CAISSE DE RETRAITE GÉNÉRALE

POUR TOUS LES FRAÇNAIS.

CARNET DE CHÈQUES.

pour la liquidation des Pensions.

Liquidation de la pension ci-dessous.

N° du Livret-civil. _____

Nom. _____

Prénom. _____

Sexe. _____

Né le _____

A _____

Commune de _____

Canton de _____

Département de _____

Signature du titulaire. _____

Liquidation du Livret-civil ci-dessus.

Domicile adopté par le titulaire. _____

Commune de _____

Canton de _____

Département de _____

Pension annuelle payable en deux semestres, le 1er janvier et le 1er juillet... Fr. _____

Id.   six mois... Fr. _____

Paris, le_____ 18...

LE CHEF DE SERVICE.

NOTA. — La date ci-dessus est la date du jour d'où court la pension.

CAISSE DE RETRAITE GÉNÉRALE
POUR TOUS LES FRANÇAIS.

CARNET DE CHÈQUES
pour le payement des pensions.

NUMÉRO DE LIQUIDATION		NUMÉRO D'ORDRE DE LIQUIDATION :
Caisse de retraite générale POUR TOUS LES FRANÇAIS. — CARNET DE CHÈQUES. — Talon. 1er SEMESTRE Payé le :	CAISSE DE RETRAITE GÉNÉRALE.	Nº du Livret-civil. ____ Nom. ____ Prénom. ____ Sexe. ____ Né le ____ À ____ Commune de ____ Canton de ____ Département de ____ Signature du titulaire. ____

Domicile adopté. ____
Commune de ____
Canton de ____
Département de ____
Date de la liquidation. ____
Pension semestrielle. ____
Date du payement. ____
Perception de ____
Département de ____
Visa du Maire. ____

— 34 —

CAISSE DE RETRAITE GÉNÉRALE

NUMÉRO DE LIQUIDATION	NUMÉRO D'ORDRE DE LIQUIDATION :	*DUPLICATA pour le Trésor.*
Caisse de retraite générale POUR TOUS LES FRANÇAIS. — CARNET DE CHÈQUES. — *Talon-duplicata.* 1er SEMESTRE Payé le :	Nº du Livret-civil. ____ Nom. ____ Prénom. ____ Sexe. ____ Né le ____ À ____ Commune de ____ Canton de ____ Département de ____ Signature du titulaire. ____	Domicile adopté. ____ Commune de ____ Canton de ____ Département de ____ Date de la liquidation. ____ Pension semestrielle. ____ Date du payement. ____ Perception de ____ Département de ____ Visa du Maire. ____

eux comme espèces et en déduction de leur débit aux caisses principales qui reçoivent leurs versements ordinaires.

Commentaire.

Ce système des chèques et le double rôle que je leur impose peut modifier, peut-être, quelques usages de comptabilité adoptés par l'État avec ses percepteurs. Mais il constitue un progrès et une nécessité pour le fonctionnement du système; que l'État modifie le sien.

ART. 26.

L'État est tenu d'insérer, tous les ans, dans l'*Officiel des Communes*, un avis qui fera connaître, si sa situation financière, vis-à-vis de la Caisse de retraite, lui permet de servir aux veufs et aux veuves de l'année, la moitié de la pension du défunt. Cette situation n'existe qu'autant que l'Etat est suffisamment couvert par le quart, que l'art. 32 lui laisse sur le produit financier des morts. Pour arriver au service de cette pension le survivant sera tenu de remettre le Carnet de chèques du défunt au Maire de la commune où il réside. Cette remise doit être accompagnée de l'expédition gratuite de l'acte du mariage civil, et le Maire adressera le tout à la Caisse des consignations. Ne pourront bénéficier, en aucun cas de la faveur que crée le présent article, ceux qui en droit ou en fait ne vivaient pas avec leur conjoint légitime. L'envoi du Maire devra constater cette situation.

Commentaire.

Ce partage de la pension du défunt au survivant ne constitue pas une charge pour l'État puisqu'il reste facultatif. L'occasion, en outre, sera rare, tout le monde étant tenu d'être assuré à un titre quelconque, mais l'existence de la possibilité du cas pourra exercer une certaine influence sur la moralité des ménages des pauvres et ce serait quelque chose.

ART. 27.

A la réception des pièces, dont parle l'article précédent, la Caisse dressera un nouveau Carnet de chèques portant jouissance de la moitié de la pension du défunt au profit du survivant, et procédera à tous égards envers le nouveau titulaire comme s'il était le primitif.

ART. 28.

A la mort de chaque pensionné, les plus proches parents ou héritiers du défunt seront tenus, sous peine d'une amende qui pourra varier de 5 fr. à 1,000 fr. selon leur position, de rapporter, à la Mairie de la Commune du décédé, le Carnet de chèques de celui-ci. Ce rapport devra être fait au moment de la déclaration du décès.

Commentaire.

Bien que les précautions prises par les art. 23 et 24 ne laisse guère passage à la fraude pour le payement des pensions aux décédés, j'ai cru devoir ajouter l'amende par surcroît de prudence.

Art. 29.

A l'expiration de chaque trimestre, les Maires sont tenus de dresser par extrait du registre des décès, un état des personnes décédées dans leur commune durant le dernier trimestre. Ces extraits indiqueront par commune, canton et département, les lieux de naissance des décédés, ainsi que le numéro d'ordre de leur Livret-civil.

Art. 30.

Au reçu de ces états mortuaires, la Caisse procède au collationnement de ses livres, balance les comptes de tous les titulaires, figurant sur lesdits états, et le solde, qu'il soit débiteur ou créditeur, passe au compte de profits et pertes.

Art. 31.

En cas de disparition d'un pensionné, le Maire du lieu de la résidence du disparu, si son absence se trouve dans les conditions de l'art. 115 du Code civil, devra faire procéder à sa constatation, conformément aux articles 116, 117, 118 et 119 dudit Code. Le jugement d'absence qui pourra en résulter, tiendra lieu, pour la Caisse des consignations, de l'acte de décès, et il sera procédé à la liquidation du compte de l'absent, comme s'il était mort.

Art. 32.

Le total des comptes créditeurs des défunts sera dressé, chaque trimestre expiré, par la comptabilité générale de la Caisse. Sur sa totalité un quart appartiendra à l'État, dont crédit lui sera donné sur son compte avec ladite Caisse. Quant aux trois quarts restant, ils seront répartis trimestriellement entre tous les assurés mis à la retraite durant ce même trimestre. Dans la distribution de ces trois quarts, la moitié reviendra de droit à ceux des retraités qui n'auront pas, pour leur part, une pension annuelle de 365 fr. au moins.

Commentaire.

Ce quart donné à l'État a pour but, non-seulement de le couvrir de ses frais d'administration, lesquels sont déjà couverts en partie par la jouissance des versements pendant 90 jours, mais surtout de le relever des pertes isolées qu'il pourrait faire dans le service des pensions à 10 p. %, servies à 55 ans au lieu de 60, et dans celles payées avant 55 ans aux assurés tombés dans l'incapacité. S'il résultait de l'expérience, ce qui n'est pas probable, que ce quart n'est pas suffisant à couvrir l'État, on pourra toujours l'augmenter par une nouvelle disposition légale.

Quant aux trois quarts distribués aux assurés survivants à 55 ans, ils augmenteront de beaucoup les retraites inférieures à 400 fr. surtout. J'en donne

3

quelques exemples plus loin. Je n'ai pas besoin de dire quel sentiment m'a porté à accorder la moitié de ces 3/4 aux pensionnés ne recevant pas 365 fr. par an. Avant de donner du superflu il faut songer au nécessaire.

ART. 33.

Un crédit d'un million de francs est ouvert au ministre des finances, pour faire l'avance des frais de premier établissement de la Caisse de retraite générale. L'Etat rentrera dans cette somme par la vente des Livrets-civils et Carnets de versement, dont il se réserve la fabrication.

Commentaire.

J'ai déjà dit que la vente des Livrets-civils et des Carnets de versement couvriraient l'Etat des frais de premier établissement, sans compter la jouissance des versements pendant 90 jours, qui concourront pour une large part à le rembourser des frais permanents. Je donne, au reste à cet égard, des chiffres concluants un peu plus loin, mais je répète ici cette vérité que, l'administration de la Caisse ne sera pas onéreuse pour l'État, afin que personne ne s'effraye des dépenses, dont le trésor public fera les avances, pour quelques mois seulement.

ART. 34.

La présente loi, en sus de la publicité ordinaire, sera affichée en permanence et de la manière la plus ostensible, sur tous les bâtiments où réside une administration publique quelconque, quelle ressorte de la commune, de l'église ou du département. Quand dans l'un de ces batiments, il y aura des écoles ou des cours publics, les professeurs seront tenus, au moins deux fois par mois, à en faire lecture publiquement et d'en faire ressortir les avantages et les obligations pour tout le monde.

Elle sera exécutoire six mois après sa promulgation légale.

Commentaire.

Cette publicité extraordinaire est indispensable à la présente loi. On adopte, ou on rejette celle-ci ; mais si l'on l'adopte, il faut vouloir tous les moyens qui doivent la faire réussir, ainsi que ceux qui, en la faisant connaître des masses, dispenseront la justice de leur appliquer ses dispositions pénales. Le renvoi à six mois, pour son exécution, a pour but de donner à tout le monde le temps de la comprendre, de l'approuver et de s'y soumettre avec empressement. Mais ces six mois, il faut les bien employer, si l'on veut pouvoir, d'ici là, la faire pénétrer dans les couches profondes et souvent isolées des populations, des campagnes surtout.

DISSERTATIONS ET CONCLUSION.

Voilà, Messieurs, avec ses commentaires et les premières réflexions qu'il inspire, mon projet de loi sur la Caisse de retraite générale pour tous les Français ayant atteint l'âge de cinquante-cinq ans. Issu de ma seule conception, il doit renfermer bien des imperfections, je le répète, mais vous saurez les corriger. Dans tous les cas, il ne peut être un remède immédiat à tous les maux qui nous accablent; mais, pris au sérieux, et dans un temps donné, il peut améliorer de beaucoup notre position sociale considérée à tous ses points de vue, surtout si, comme corollaire, vous rendiez obligatoire les sociétés particulières de secours mutuels qui, à mon avis, devraient arriver jusqu'au chômage des mortes saisons. Il ne faut pas oublier que la liberté du travail, qui a été une des conséquences de la révolution française, en désagrégeant les corporations du passé, et elles avaient un bon côté, a impitoyablement jeté sur le pavé et sans secours mutuels une masse de fort honnêtes travailleurs. Les ressources de la compression ont donné leur dernier mot, il est temps de songer aux soupapes de sûreté. Pour mon projet de loi, il sera toujours le phare de l'espérance en l'avenir, et cette espérance, Messieurs, ce serait la sage résignation dans le présent. Au surplus, j'ai fait ce que m'ont inspiré les circonstances tristes et solennelles dans lesquelles le passé nous a jetés, c'est à vous seuls qu'il appartient de faire le reste.

Vous remarquerez qu'il ne s'agit nullement ici de créer encore une administration nouvelle s'étendant sur toute la France; nous n'en avons que trop; mais bien d'utiliser les rouages, par trop oisifs, de celles que nous avons. Une seule chose est à créer : l'annexe à la Caisse des dépôts et consignations de Paris, qui doit centraliser, non les fonds, mais la comptabilité générale seulement.

Avant de clore cette pétition qui sort déjà par sa longueur des habitudes consacrées, j'ai cru utile, à l'adoption du projet de loi qu'elle comporte, de vous faire connaître deux choses. D'abord, les résultats financiers qui en résulteront pour les retraités pris individuellement et, en second lieu, la position faite à l'État par la loi, en présence de cette masse de capitaux à faire mouvoir et administrer dans le plus grand intérêt de tous.

Pour ce qui touche aux intérêts personnels des futurs pensionnés, il n'était pas possible de fixer le chiffre individuel qui reviendra à chacun d'eux, celui-ci devant varier de beaucoup selon la somme de travail ou d'économies que chaque assuré fournira pendant quarante ans. Mais j'ai créé, ci-après, un étalon de comparaison qui donne à tous la clef du chiffre de leur retraite. Sa base repose sur la journée de travail rétribuée à deux francs. Voici ce calcul :

Si vous primez cette journée d'un sou par franc ou de deux sous par deux francs, soit 5 p. %, vous obtenez, pour 72 jours de travail effectif par trimestre une perception de 7 fr. 20 cent. Les 72 jours de travail effectif par trimestre résultent de l'appréciation suivante : par trimestre, il y a 12 dimanches, 2 jours de fête en moyenne et 4 jours de chômage ; en tout 18 jours à déduire par trimestre, reste donc très approximativement 72 jours de travail effectif. Si cette perception se continue pendant 160 trimestres, soit 40 ans, qui sont le temps de la grande virilité humaine, vous n'arrivez qu'à une perception totale de 1,152 fr. par l'accumulation seule des capitaux versés. Mais si vous placez ceux-ci à 5 p. % au fur et à mesure de leur versement, soit par trimestre, et que vous capitalisiez par trimestre aussi les intérêts composés produits, vous obtenez au bout de 40 ans, une autre somme de 2,470 fr. 42 qui, ajoutée à celle de 1,252 fr., formée des capitaux, donne un total de 3,622 fr. 42 cent. Je capitalise par trimestre, parce que l'État a adopté la règle de payer trimestriellement les arrérages des rentes qu'il sert. Je dirai plus loin comment existe la possibilité de capitaliser à 5 %. Or, cette somme de 3,622 fr 42 cent., frappée d'un intérêt de 10 p. % par an, donne une pension de retraite de 362 fr. 24 cent. dès l'âge de 55 ans. Je dis ailleurs comment l'État à 55 ans peut servir un intérêt de 10 p. %. Il reste une observation à faire pour justifier de l'exactitude rigoureuse de cette première base de comparaison, c'est que dans le compte des intérêts composés ne figurent pas ceux provenant des 90 jours qui suivent chaque versement, ces intérêts étant laissés à l'État, par l'art. 19 du projet de loi, pour concourir à le désintéresser des frais permanents d'administration.

De l'application de cet étalon aux différents salaires résulteraient les chiffres suivants, sans compter les résultats fournis par la loi de la mortalité humaine et que j'ajouterai après :

Celui qui, pendant 40 ans, soit entre 15 et 55 ans, ne gagnerait que 0 fr. 25 cent. par jour durant 72 jours par trimestre, ne recevrait pendant tout le reste de sa vie qu'une pension de retraite de la somme annuelle de . . . . Fr.   45 28
Celui qui dans les mêmes conditions gagnerait 0 fr. 50 recevrait . . . . »   90 56
Celui qui gagnerait 1 fr. aurait . . . . »   181 12
Celui qui gagnerait 2 fr. recevrait . . . . »   362 24
Mais celui qui gagnerait 4 fr. aurait . . . . . . »   724 48
Comme celui qui gagnerait 8 fr. recevrait. . . . . » 1,448 96
et ainsi de suite.

Cette première pension de 45 fr. 28 cent. par an serait bien minime, si elle n'était grossie par les résultats financiers que donne la mortalité humaine. Néanmoins, elle ferait encore le bonheur annuel d'une masse de pauvres gens paisibles et tranquilles, vivant dans leur retraite campagnarde. Tout n'est-il pas relatif dans ce monde? Mais avec la combinaison de la mortalité, les morts viennent au secours des vivants, et voici le chiffre du concours qu'ils apportent :

D'après le dernier recensement de la population française fait en 1857, les habitants de la France se divisent, par cinq ans d'âge, de la manière suivante, les deux sexes compris. Pour le besoin de l'opération je les ai fractionnés en trois grandes catégories, ainsi que l'indique le tableau suivant :

de 0 à 5 ans 3,715,668		
de 5 à 10 id. 3,355,103	soit 10,247,991 de 0, à 15 ans.	
de 10 à 15 id. 3,177,220		

de 15 à 20 ans 3,231,016		
de 20 à 25 id. 3,140,382		
de 25 à 30 id. 2,986,634		
de 30 à 35 id. 2,780,910		
de 35 à 40 id. 2,681,939	soit 21,730,425 de 15 à 55 ans.	
de 40 à 45 id. 2,483,867		
de 45 à 50 id. 2,346,719		
de 50 à 55 id. 2,078,958		

de 55 à 60 ans 1,765,205		
de 60 à 65 id. 1,503,044		
de 65 à 70 id. 1,246,231		
de 70 à 75 id. 800,576		
de 75 à 80 id. 432,420		
de 80 à 85 id. 191,381	soit 6,010,492 de 55 à la mort.	
de 85 à 90 id. 58,188		
de 90 à 95 id. 11,345		
de 95 à 100 id. 1,975		
Centenaires. 127		

TOTAUX. 37,988,908 — 37,988,908

Par le résultat du mouvement de la population depuis cette époque, soit qu'on le considère au point de vue de l'ensemble de l'excédent des naissances sur les morts, soit à celui des annexions et des désagrégations récentes, on peut estimer que la population française actuelle reste, au chiffre rond, de 38,000,000. Mais je calcule sur les 37,988,908 résultant du dernier recensement.

Sur le total je n'ai pas à m'occuper des enfants de 0 à 15 ans formant le chiffre de 10,247,991. Ils représentent toujours le travail de l'avenir. Pour les 6,010,492 représentant le nombre de personnes dépassant 55 ans, ils forment le chiffre des retraites à servir, et le compte que je viens d'établir ci-avant fixe la pension qui, de leur chef et de leurs œuvres revient à chacun d'eux en particulier. Il ne reste donc à examiner que les résultats financiers de l'héritage que ces derniers recevront de ceux qui seront morts avant 55 ans.

Pour arriver à le connaître, j'ai fait l'opération suivante : multipliant le nombre d'habitants, formant chaque série d'âge de 5 ans, par la moyenne des années de ces mêmes séries, je suis arrivé à 726,464,691 d'années à diviser par le nombre de 21,730,425 représentant la population de 15 à 55 ans, d'où ressort un âge moyen de 33 ans. Or, la durée probable de la vie d'un homme de 33 ans varie de quelques années selon les tables de mortalité que l'on consulte, mais pour la continuation de mon opération, j'ai adopté celle qui accorde 35 ans. Reste donc à savoir combien de personnes sur les 21,730,425, ramenées à l'âge moyen de 33 ans atteindront 55 ans ? — 16,100,000 selon la loi de la mortalité humaine. Donc, 16,100,000 d'individus fourniraient chacun 22 ans de travail, soit pour tous : 354,200,000 années de travaux à diviser par 21,730.425, population comprise dans le même espace d'années, soit, en chiffre rond, 17 ans de travail ou d'économies par la totalité des assurés ayant de 15 à 55 ans.

Or, j'ai déjà trouvé ci-avant pour les journées à 2 fr., soit 0 fr. 10 de prime, ajoutés au salaire convenu, que les capitaux, accumulés pendant 40 ans pour ou par un individu, formaient la somme de 1,152 fr., et étaient productifs d'intérêts composés qui, capitalisés par trimestres, s'élevaient à 2,470 fr. Si je fais la même opération sur les journées à 1 fr., ce qui ne donne plus que 0 fr. 05 cent., toujours à 5 p. %, j'arrive, pour les 17 ans de travail des 21,730,425 individus de 15 à 55 ans, à une somme de 5,319,655,776 fr. Si maintenant j'ajoute à cette accumulation de capitaux versés, les intérêts composés de ces mêmes 17 ans, soit 2,975,553,173 francs, j'obtiens le total général de 8,295,188,949 fr. pour l'héritage laissé par les 21,730,425 personnes mortes, aux 6,010,492 de survivants, après la première période de 40 ans. Peut-être cette manière de procéder au compte des intérêts composés laisse-t-elle quelque chose à désirer à l'égard de l'exactitude absolue. Mais j'ai passé outre, néanmoins, par la raison toute simple que, dans l'espéce, je n'ai eu d'autre but que de donner un aperçu. Il me suffisait d'éviter les exagérations, et c'est le résultat que j'obtiens par 17 ans, car bien sûr la moyenne est au-dessus. D'où l'on peut conclure que la somme ci-dessus étant dépassée par la pratique, les résultats suivants en seront proportionnellement augmentés. Dans tous les cas, c'est ici qu'intervient l'application de l'art. 32 du projet de loi qui donne un quart à l'Etat et les trois quarts restants aux survivants après 55 ans. Le résultat de cette division donne pour les trois quarts la somme de 6,221,391,711 fr. à 6,010,492 individus à pensionner.

Si maintenant, comme je l'ai déjà fait pour un compte individuel, je frappe ce capital d'un intérêt annuel de 10 p. %, ainsi que l'État peut le faire, je le prouve plus loin, je trouve une somme annuelle de

622,139,171 fr. à répartir par an aux 6,010,492 d'individus à retraiter; d'où pour chacun d'eux une pension annuelle de 103 fr. 50 c. (1) qu'il faut ajouter à celle provenant des primes perçues sur leur propre travail et dont j'ai déjà donné le résultat pour les différents prix de journée.

Cette addition donne lieu au tableau suivant :

Le survivant à 55 ans, qui n'aura gagné pendant 40 ans que des journées de 0 fr. 25 cent. par jour, recevrait :

Provenant de son travail. . . . . . Fr.	45 28	}	
Provenant de celui des morts . . . . »	103 50	}	148 78

Celui qui dans les mêmes conditions aura gagné 0 fr. 50 cent., recevrait :

Provenant de son travail. . . . . . Fr.	90 56	}	
Provenant de celui des morts . . . . »	103 50	}	194 06

Celui qui aura gagné 1 fr. par jour recevrait :

Provenant de son travail. . . . . . Fr.	181 12	}	
Provenant de celui des morts . . . . »	103 50	}	284 62

Celui qui aura gagné 2 fr. par jour, comme ceux qui, non salariés, auront versé 2 fr, 40 cent. par mois, leur minimum obligatoire, recevraient :

Provenant de leur travail ou de leurs économies mensuelles . . . . Fr.	362 24	}	
Provenant de celui ou de celles des morts »	103 50	}	465 74

Celui qui aura gagné 4 fr. par jour, comme ceux qui, non salariés, auront versé 4 fr. 80 cent. par mois, le maximum n'est pas limité, recevraient :

Provenant de leur travail ou de leurs économies mensuelles . . . . . . , . . . Fr.	724 48	}	
Provenant de celui ou de celles des morts »	103 50	}	827 98

Celui qui aura gagné 8 fr. par jour, comme ceux qui, non salariés, auront versé 9 fr. 60 cent. par mois, le maximum n'est pas limité, recevraient :

Provenant de leur travail ou de leurs économies mensuelles . . . . Fr.	1,448 96	}	
Provenant de celui ou de celles des morts »	103 50	}	1,552 46

et ainsi de suite jusqu'aux chiffres les plus élevés.

---

(1) Ce n'est pas 103,50, mais bien 105.91, que les morts laissent à chaque vivant. Cette différence de 2,41 en plus, résulte de la solution logarithmique que me passe à l'instant un mathématicien distingué.

J'avais donc raison de dire tout à l'heure que si mon calcul n'était pas de la dernière exactitude, il était plutôt au-dessous qu'au-dessus de la vérité.

Mais il est bon de le dire immédiatement : toutes ces sommes de 103 fr. 50 cent., indépendamment du surcroît des intérêts composés qui leur adviendra probablement, ainsi que je viens de le faire remarquer, doubleront, tripleront et quadrupleront même, au profit des diverses catégories du tableau ci-dessus, si la moyenne du salaire journalier des morts a été de 2, de 4, ou de 8 fr. par jour, car le résultat indiqué ci-contre n'est que le produit de journées à 1 fr. par jour. Ainsi, par exemple, avec la prime sur 8 fr. par jour, le résultat des morts s'élève à 828 fr., soit la pension de 1,552 fr. 46 cent. élevée à 2,276 fr. 96 c.

Voilà, Messieurs, les premiers miracles de l'économie obligatoire imposée à tous, en vertu du principe de la solidarité sociale, non-seulement durant la vie, mais après la mort. Voilà ses états de service pour l'avenir et basés sur des chiffres qui ne trompent pas, eux. Que ses adversaires, partisans du système de l'aumône volontaire, présentent les leurs. On dit : il y aura toujours des pauvres ! Non, il n'y en aura plus, passé l'âge de 55 ans ; et si après l'adoption de mon projet de loi, vous rendez obligatoires les associations de secours mutuels allant jusqu'au chômage, il n'y en aura plus ni avant ni après.

Quant à l'application de l'art. 32 qui traite du partage des trois quarts aux pensionnés jouissant d'une retraite au-dessous de 365 fr., il n'est pas possible d'en donner les résultats exacts. Ce n'est que le temps qui apprendra à quel chiffre leur nombre s'élévera, d'où l'impossibilité de les calculer.

J'arrive maintenant à la possibilité de placer les fonds des futurs pensionnés, pendant 40 ans au moins, à un intérêt moyen de 5 p. %. Il est évident qu'avec nos récents désastres et les conséquences forcées qui en découlent, la rente 3 p. % ne remontera pas de sitôt à 60 fr., qui est le 5 p. % du 3 p. %. Je sais bien qu'il y a des gens qui ne partagent pas cette opinion et qui pensent qu'une stabilité quelconque ferait même dépasser ce prix. Par une vraie stabilité c'est possible, mais où la trouver ? Pas plus dans la monarchie que dans la république. Nous sommes condamnés au mouvement jusqu'à ce que des réformes, non politiques, mais organiques, nous aient placés dans un équilibre normal. Or, il faudra bien vingt ans pour cela. Mais si, en attendant, la rente reste au-dessous de 60 fr., pendant vingt ans vous capitaliserez au-dessus de 5 p. %. Ce fait admis, restent les 20 années suivantes. Croyez-vous que le poids accablant de nos 20,000,000,000 de dettes nous permette d'espérer que la rente, avec les emprunts nouveaux qui sont à l'horizon de toute la terre, et la concurrence que lui font les valeurs de toute espèce, s'élève à 70 fr. dans cette seconde période de 20 ans ? Cela n'est pas probable, mais admettons-le, quelle en serait la conséquence ? C'est qu'entre les deux périodes il s'établirait une moyenne de 5 p. % environ.

Au surplus, ces probabilités viendraient-elles à ne pas se réaliser, qui ne sait que, quand la rente hausse dans des proportions considérables, le prix de toute chose s'élève, même celui des salaires; et dès lors la prime grandissant par le fait de l'élévation des salaires, la pension reste la même, malgré l'abaissement du taux de l'intérêt produit par le prix élevé de la rente.

Je n'ignore pas que, dans le système de la caisse des retraites pour la vieillesse, l'État a pris à forfait le taux de l'intérêt, tout en se réservant, néanmoins, la faculté de le modifier, ce qu'il fait à son gré. En présence de cette espèce de garantie, qui n'en est plus une, il vaut bien mieux désintéresser complétement l'État et laisser le taux de la capitalisation à la charge des assurés; ils subiront en cela la loi qui procède à l'augmentation et à la diminution de la valeur de toute chose.

Cette question résolue, voyons maintenant la position que le projet de loi fait à l'État.

Sa position est des plus simples et n'a rien de compromettant pour ses finances, au contraire. En effet, quant au 10 p. 0/0 à servir à forfait aux assurés ayant atteint leurs 55 ans, la loi de la mortalité humaine, qui donne en moyenne 10 ans d'existence à 60 ans, nous apprend que sa responsabilité est nulle à cet égard ou plutôt qu'elle ne crée aucun danger pour l'État; témoin toutes les compagnies d'assurances qui servent ce chiffre à 60 ans. Mais vous l'imposez à l'État à 55 ans, dira-t-on, et cela change un peu la moyenne des années qui restent à vivre. Soit, mais aussi les compagnies font de gros bénéfices à cette condition, chacun le sait, tandis que l'État peut bien se dispenser d'en faire, du moins de ce chef là. Au surplus, n'a-t-il pas pour arrière-garde, déduction faite de tout frais, comme je le démontre plus loin, les 1,500,000,000 de fr. que lui adjuge, en bénéfices nets, l'art. 32 sur le produit des capitaux et intérêts laissés par les 21,730,425 individus morts avant 55 ans? Donc sa responsabilité n'est que nominative.

Mais après cette responsabilité dégagée vient pour lui la nécessité de faire mouvoir et administrer dans l'intérêt de tous cette masse de capitaux. Pour nous rendre compte de leur importance, rappelons les chiffres. Dans cette première période de 40 ans l'État encaissera:

Premièrement, la somme de . . . . . Fr. 8,295,188,949
provenant des morts avant 55 ans.

Secondement, celle de . . . . Fr. 10,866,000,000
provenant des 6,010,492 de survivants après 55 ans. _____

Ensemble . . . . Fr. 19,161,188,949

J'ai donné ci-avant la décomposition de la somme de 8,295,188,949 fr. Voici celle des 10,866,000,000 fr.: dans cette somme figurent les capitaux accumulés pendant 40 ans pour le compte des 6,010,492, de survivants à 55 ans; elle s'élève à . . . . Fr. 3,456,000,000
Plus les intérêts à 5 p. 0/0 capitalisés par trimestre pendant 40 ans . . . . » 7,410,000,000

Somme égale . . . . Fr. 10,866,000,000

Donc, en résumé et dans la supposition la plus modeste, c'est une somme ronde de 19 milliards que le gouvernement aura eu à sa disposition durant la première période de 40 ans. Je dis la plus modeste parce qu'elle n'est que le résultat des perceptions de 5 p. 0/0 faites sur des journées à 1 fr., ou sur des économies présentant cette même base. Mais si la moyenne des journées, ou des économies qui n'ont pas de limites pour leur maximum de versement, s'établissait sur le chiffre de 7,20 fr. par trimestre seulement, ce n'est pas 19 milliards qu'encaisserait l'État, mais bien 38 milliards dans l'espace des 40 ans.

En présence de cette somme à placer, qui peut-être l'une, tout aussi bien que l'autre, la première pensée qui vient à l'esprit est celle-ci : Comment l'État pourra-t-il y parvenir ? Naturellement en rentes françaises d'abord. Mais acheter trimestriellement pour 118,000,000 de fr. de rentes 3 p. 0/0 dans la première donnée, ou 236,000,000 de francs dans la seconde, et cela pendant 40 ans de suite, c'était, dans les deux cas, pousser terriblement ce fonds public à la hausse. Dans l'hypothèse des 38 milliards, il y aurait même impossibilité au placement, la dette publique s'arrêtant à 20,000,000,000 de francs de capital. En présence de pareils faits et de leurs conséquences, il fallait aviser et apporter un tempérament à la certitude de cette hausse sur le 3 p. 0/0. C'est dans ce but que, par l'art. 28 du projet de loi, je fais intervenir le ministre des finances dans l'emploi trimestriel de cette masse de fonds, afin qu'en étendant les achats sur toutes les bonnes valeurs de bourse, la hausse extrême du 3 p. 0/0 ne soit plus à redouter. En cette occurrence, qui est ici d'intérêt général, les pouvoirs publics doivent vouloir et pouvoir pondérer toute chose. Dans tous les cas, après avoir acheté de toutes les bonnes valeurs de bourse, telles que chemins de fer, etc., etc., et dans ce domaine la matière ne pourrait être absorbée en 40 ans, on pourrait, à l'exemple des compagnies d'assurance, acheter des maisons de premier ordre, voire même et à la rigueur extrême, des fermes à rentes fixes.

Mais, diront les poltrons du monde : sans en avoir l'air vous supprimeriez pas mal de propriétaires et vous conduiriez ainsi l'État à un communisme quelconque. Pas du tout, j'exagère ici la supposition pour prouver que, à la rigueur, on trouverait toujours moyen d'employer les fonds des assurés.

Oui ! rassurez-vous, ô trembleurs, il y aura toujours des propriétaires, puisque la Caisse de retraite générale, ayant à payer des pensions viagères à ses six millions de retraités, sera toujours obligée de revendre progressivement et par séries, après les avoir conservées quelque temps, toutes les valeurs sur lesquelles elle aura temporairement placé des fonds. De la sorte, les biens acquis, comme les valeurs de bourse, rentrent par voie uniforme dans le roulement général des achats et des ventes, toujours libres pour tout le monde. Que maintenant, et à la suite de cette amélioration du sort des masses, il se produise des phénomènes économiques fort remarquables, c'est plus que probable; mais il n'y aura pas à s'en effrayer, si l'on conserve pour elles , avec les rigueurs nécessaires de la situation actuelle, de bonnes intentions pour l'avenir. Alors les socialistes, monarchiques ou républicains, pourront se réjouir, car le paupérisme aura disparu. Il n'y aura que les communistes à tous crins qui ne riront pas, car leur régime, qui ressemble fort à la vie que menaient et mènent encore certaines corporations religieuses, est et restera radicalement impossible, quand il s'agira d'en faire l'application à une société considérable qui voudra toujours, dans son ensemble, rester libre dans la satisfaction de ses besoins si variés.

Dans tous les cas, si quelque difficulté pouvait surgir jamais du fonctionnement de la Caisse de retraite générale, le fait reste si éloigné de nous que, de lui, nous pouvons dire : Dans cinq cents ans d'ici, les vivants de l'époque s'arrangeront comme ils l'entendront. Quant à ceux de notre temps ils ne peuvent avoir qu'un regret, celui de ne pouvoir assister au spectacle de la poule au pot, car, à mon idée, ce qu'Henri IV n'a pu que rêver, la Caisse de retraite générale doit le réaliser; que ne peut-on pas espérer avec l'économie, même modeste, de tous, quand les pouvoirs publics veulent bien l'organiser ?

Après avoir démontré, d'une part, l'absence de toute responsabilité compromettante pour l'État, dans l'administration de la Caisse de retraite générale, et d'un autre côté, la possibilité de faire mouvoir et placer les fonds des assurés, il ne me reste plus, comme chiffres, qu'à vous faire connaître la part qui reviendra au trésor dans ce grand mouvement de fonds.

L'État administre la Caisse, et à ce titre il fait des recettes et des dépenses. Ses recettes sont l'application de certains articles du projet, ses dépenses résultent de la nécessité d'administrer conformément à la loi. Voyons les unes et les autres et de leur rapprochement sortira la part qui, en excédant, lui restera au bout de 40 ans.

Voici d'abord les recettes. L'art. 1er du projet de loi lui impose l'obligation de faire délivrer des Livrets-civils à tous les Français présents et avenir. De cette première obligation nait pour lui la nécessité de les faire fabriquer. Quel que soit leur prix de revient, dût-il modifier mon prix de vente, il a le droit de fixer une différence entre ce prix et celui de revient, soit celle de 0 fr. 10 cent. par numéro.

A ces conditions je trouve d'abord, comme entrée en campagne, les chiffres suivants ; 10,247,991 de 0 à 15 ans, et 21,730,425 de 15 à 55 ans. Total 31,978,416 personnes des deux sexes à qui il est tenu de livrer immédiatement autant de Livrets-civils qui, à 0 fr. 10 cent. de bénéfice, forment la somme de . . . . . . Fr.   3,197,841

Cette somme est une recette de la première période ————

A reporter. . . . Fr.   3,197,841

Report. . . . Fr.　　3,197,841

de 40 ans, mais elle ne se reproduira plus. C'est ce que l'on pourrait appeler l'entrée en campagne.

Mais ces livrets ne pouvant durer 40 ans, il y aura lieu à les renouveler au moins chaque dix ans, soit quatre fois dans 40 ans, et dans les proportions suivantes : Beaucoup d'enfants mourant, dans les premières années de la vie surtout, j'abandonne complètement le renouvellement que pourraient fournir les 10,247,991 d'enfants, Je veux procéder largement au compte que j'établis. Mais restent les 21,730,425 individus qui, aux termes des calculs faits ci-avant, vivront 17 ans en moyenne, soit à peu près la moitié de 40 ans; pour ceux-là le renouvellement ne sera que de deux fois. Deux fois, c'est le double de 21,730,425, soit 43,460,850 Livrets qui, à 0 fr. 10 cent. de bénéfice l'un, font　Fr.　　4,346,085

D'un autre côté il y a à calculer les naissances durant 40 ans. Or, celles-ci étant de 902,336 par an, c'est 36,093,440 naissances, c'est-à-dire autant de Livrets-civils à fournir encore qui, à 0 fr. 10 cent. aussi, forment la somme de . . . . Fr.　　3,609,334

Voilà pour les Livrets-civils. Mais l'art. 7 impose aux payeurs de salaires quelconques l'obligation de verser les primes des salariés aux percepteurs, et cela au moyen du Carnet des versements. Or, combien de payeurs de ce genre peut-il y avoir en France? La réponse serait assez difficile s'il fallait les compter tous. Mais à défaut d'exactitude absolue, l'on trouve, au moins, les propriétaires en général et les patentés. Le total des propriétaires est de 7,845,724 et celui des patentés de 1,764,835, soit ensemble 9,610,579. Mais comme il y a des patentés propriétaires, et des propriétaires patentés dont je ne puis savoir le nombre réciproque, j'abandonne les patentés. Reste donc à fournir immédiatement aux propriétaires 7,845,724 Carnets de versements qui à 0 fr. 10 cent. de bénéfice l'un font la somme de . . . . . Fr.　　784,572

Cette fourniture est encore une entrée en campagne qui ne se reproduira plus, mais que n'encaissera pas moins l'État dès la première année. Sur ce chiffre de propriétaires, il a aussi un compte de mortalité à faire pour établir le renouvellement des Carnets de versements qui, eux aussi, ne peuvent durer 40 ans. Ce compte le

A reporter. . . . Fr.　　11,937,832

Report. . . . Fr.   11,937,832

voici : pour le simplifier, j'arrondis les propriétaires par 8,000,000, je puis bien l'augmenter d'une petite fraction puisque j'ai abandonné les patentés qui formaient un chiffre beaucoup plus élevé. Or, au point de vue de la vie, ces 8,000,000 de propriétaires se trouvent, à quelque chose près, dans la même condition que les 21,730,425 individus âgés de 15 à 55 ans. Ceux-ci vivront 17 ans en moyenne; ne mettons que 15 pour les propriétaires, à cause de ceux qui dépassent 55 ans. 15 ou 17 ans, c'est toujours un renouvellement de Carnets de versements, pour les 8,000,000 de propriétaires, soit au moins à 0,10 . . . . Fr.   800,000

En poursuivant les dispositions des articles de la loi, je trouve l'art. 19, qui dispose que l'État ne sera tenu au placement des fonds versés par les assurés qu'après 90 jours de jouissance, à partir du versement chez les percepteurs. De cet article résulte pour l'État pendant 40 ans la jouissance d'un trimestre, puisque le second remplace le premier et ainsi de suite. Or, qu'elle est l'importance d'un trimestre de versements ? Les 40 ans, soit les 160 trimestres donnant 5,319,655,776 fr. un trimestre donne 33,247,848 fr. Il est évident que, de même que l'État placera les fonds des assurés à intérêt et qu'il capitalisera ceux-ci par trimestre, il pourra en faire autant de ceux dont il a la jouissance gratuite et permanente. S'il ne le fait pas, c'est qu'il leur donnera un autre emploi, mais cet emploi lui économisera toujours des intérêts qu'il paye par ailleurs. Dans tous les cas, cette jouissance durant 40 ans consécutifs lui donnera, sous une forme ou sous une autre, une capitalisation d'intérêts qui, déduction faite du capital primitif qui n'est pas sa propriété, lui laissera des profits qui s'élèveront à la somme de . . . . Fr.   224,253,442

Il est à remarquer que cette somme de 224,253,442 fr. n'est que le résultat des intérêts composés de celle de 33,247,848 fr. prenant pour base 5 cent. ou 5 p. 0/0 sur les salaires journaliers de 1 fr. Si la moyenne de ces salaires s'établissait à 2 fr., cette même somme s'élèverait à 448,506,884 fr. d'intérêts composés, que l'État gagnerait toujours en 40 ans. Mais voulant laisser

A reporter. . . . Fr.   236,991,274

Report. . . . Fr.   236,991,274

les choses au plus bas, je ne signale cette augmentation que comme possible.

Enfin l'art. 32 du projet de loi porte que, sur la totalité des comptes créditeurs (et il n'y en aura guère d'autres, le 10 p. 0/0 d'intérêts servis aux retraités n'ayant pas la puissance d'entamer la responsabilité de l'État), un quart restera à celui-ci. Or, la totalité étant de 8,295,188,949, le quart, qui restera chaque 40 ans au profit du trésor public, sera de . . . . Fr.   2,073,797,237

Total des recettes administratives de l'État pendant la première période de 40 ans. . . . . Fr.   2,310,788,511

De cette somme brute il y a à déduire les dépenses suivantes :

1° Les frais de premier établissement à Paris pour la centralisation de la comptabilité générale.

2° Les frais du personnel.

3° Les fournitures de bureau. Le tout pendant 40 ans.

Comme observation générale portant sur ces trois faits, je dirai, avant tout, que les chiffres qui vont en résulter peuvent ne pas être de la dernière exactitude, surtout dans leurs fractions, leur base n'étant qu'approximative. Je n'ai cherché que l'approximation parce qu'elle me suffisait à démontrer la vérité que je cherche ici, à savoir : que dans tous les cas, les réserves que j'ai faites au profit de l'État suffisent, et bien au-delà, pour le couvrir des frais d'administration, quelques modifications que puisse y apporter l'expérience. J'ajouterai que les dépenses et les recettes devant résulter de la fabrication des Livrets-Civils et des Carnets de versements, ne jouent aucun rôle ici, parce que j'ai rouvé plus simple de porter le bénéfice qu'ils procurent aux recettes ci-dessus.

Quant aux frais de premier établissement, on a toujours le choix entre la location ou la construction de l'immeuble, qui doit recevoir l'administration de la comptabilité générale.

Dans l'espèce, il n'y a pas à s'occuper de location : ou il faut bâtir sur un terrain de l'État ou approprier un local existant. Jusqu'à ce qu'il soit démontré que ce local n'existe pas, je reste dans les termes de l'appropriation. Si l'on bâtissait, ce serait 1,500,000 à 2,000,000 environ, je pense, à répartir sur 40 ans. Pour le moment, voici les frais approximatifs d'une appropriation spéciale : c'est la première période de 40 qui les supportera, pour les autres, les frais diminueront d'autant.

1° Frais de premier établissement.

11,558 mètres de table courante à 0,50.	Fr.	23.116
5,779 tiroirs à 1 fr.; ils sont petits	»	5.779
5,779 serrures à 1 fr.	»	5,779
5,779 chaises à 10 fr..	»	57,779
5,779 écritoires à 0,25	»	2,889
89 cloisons mobiles, moyenne grandeur à 10 fr. .	»	890
2,844 cloisons plus petites, mobiles, à 5 fr.	»	14,220
5,779 casiers à 9 livres, de 0m,05 d'épaisseur à 2 fr.	»	11,558
27,740,917 petites cloisons et petits casiers à 0,01.	»	227,407
89 tables à 20 fr..	»	1,780
2,779 tables petites à 10 fr.	»	27,790
5,779 casiers-archives	»	46,232

Fr.	425,219

2° Frais de personnel pour 40 ans.

Paris, 5,779 employés à 2,000 fr.
par an , en moyenne. . . . . Fr. 462,320.000 ⎫
 Province, 4,527 employés à 1,500 ⎬ 733,940,000
francs par an, en moyenne . . . . . Fr. 271,620.000 ⎭

3° Fournitures de bureau pendant 40 ans :

4 grands-livres, petits, 1 par 10 ans , à 50 fr.	Fr.	200	⎫
55,481 livres comptes-courants, à 10 fr.	»	554,810	⎪
6,010,492 carnets-chèques à 0,05 . . .	»	300,524	⎪
1,331,544 registres à prime à 2,50 . . .	»	3,328,860	⎬ 5,082,210
455,040 comptes récapitulatifs à 0,01. .	»	4,450	⎪
115,560 litres encre à 1 fr.	»	115.560	⎪
12,020,320 plumes à 1 centime les deux.	»	60,102	⎪
110,963,668 épingles à 0,12 0/0	»	138,704	⎪
Chauffage.	»	579,000	⎭

Total des dépenses de l'Etat pendant la 1re période de 40 ans.	Fr.	739,447,429

RÉCAPITULATION.

Recettes générales 2,310,788,511
Dépenses générales. 739,447,429

Reste. . . . 1,571,341,082

A déduire encore :

Dépenses imprévues pendant 40 ans, y compris les
3,982,572 de bénéfice sur la fourniture des premiers Livrets-civils et des Carnets de versements
qui ne se reproduira pas après l'entrée en campagne. 71,341,082

Excédent des recettes sur les dépenses au bout de
40 ans, au profit de l'Etat . . . . Fr. 1,500,000,000

Je n'ai pas besoin d'ajouter que, si le taux du salaire ou des économies servant de base à la prime était doublé, ce qui est fort probable
avec la faculté que laisse la loi à tout le monde de dépasser le minimum de versement, la somme de bénéfices pour l'État se transfor-
merait naturellement en celle de 3,000,000,000 de francs au bout de
40 ans.

En présence de ces ressources nouvelles et dont l'avenir seul peut
dire le vrai chiffre, que fera l'Etat? Le rechercher n'est pas ici mon
affaire. Tout ce qu'on peut dire, c'est qu'en présence de la fâcheuse
position de nos finances, les pouvoirs publics, pour en faire un emploi
quelconque, n'auront que l'embarras du choix.

Me voici arrivé au terme de mon travail; il se résume dans cette
pensée que je répète : solidarité obligatoire entre tous les Français,
par la voie de l'assurance primant le travail national ou les économies de chacun, pour arriver à la possibilité de servir à tous, dans
des proportions relatives à leur travail ou à leurs économies, une pension alimentaire de retraite, soit durant leur incapacité au travail,
soit pendant leur vieillesse à partir de 55 ans.

Daignez donc, Messieurs, l'examiner avec soin ; vous le trouverez, je
crois, essentiellement humain et conservateur, car il porte dans ses
flancs, non-seulement la pacification de nos jours par la sécurité donnée à l'avenir, mais encore la paix de l'avenir par l'extinction presque
radicale du paupérisme. Cette création d'un oasis d'espérance, placé par
vous tous, à l'horizon de la vie humaine, ne peut en rien froisser les
plus intimes opinions politiques de chacun de vous, car monarchistes
ou républicains de toute nuance, vous possédez, tous, les souvenirs

historiques de notre pays, et tous nous apprennent qu'à toutes les époques de notre histoire, des concessions diverses ont toujours été faites à l'esprit des temps, à la concorde des citoyens. Ainsi, sous Louis-le-Gros, advint l'affranchissement des communes, malgré la pensée de reconstruction nationale à laquelle travaillaient les Capet. Sous Louis IX la puissance féodale du moyen âge fut abaissée. Sous Philippe-le-Hardi, le droit de commune fut concédé; sous Philippe V, les Etats exclurent les femmes du trône. Sous François 1er, l'Assemblée des notables fut substituée aux Etats généraux. Enfin, Henri IV changea de religion, et Louis XIV épuisa la féodalité. De nos jours Louis XVI convoqua les Etats généraux, et la noblesse et le clergé renoncèrent, comme à un présent funeste, aux priviléges dont ils jouissaient. La République française proclama les droits de l'homme. L'Empire ne prit plus la base de la couronne que dans le principe de la souveraineté nationale. Le Gouvernement de Juillet en fit autant et vécut presqu'en fait, je dis presque, dans la doctrine moderne de la séparation de l'Eglise et de l'Etat.

Vous le voyez, notre histoire est pleine de changements de toute sorte, de toute portée. Ces diverses transformations nous ont toujours valu quelques périodes de paix et de prospérité relative. Aujourd'hui, les temps sont venus de faire de nouvelles concessions à l'esprit de l'époque, si vous ne voulez pas plonger notre pauvre France dans le sang et les ruines de la Pologne. La concession à faire, en dehors des franchises municipales généralement réclamées, mais qui ne sont que des aspirations locales, c'est une concession toute économique du capital au travail, car personne de vous n'ignore, Messieurs, que là, principalement, repose aujourd'hui en Europe la grande question en litige entre les riches et les pauvres.

Or, le projet de loi que j'ai l'honneur de soumettre à votre puissance, résoud, en grande partie du moins, ce litige social. Car, non-seulement il popularise l'épargne au détriment de ce luxe effréné qui nous a perdus, mais il fixe, en outre, le chiffre de la concession qui, transformée en assurance, garantit une pension de retraite aux travailleurs. Dès lors, il place ceux-ci dans une position normale, dans une position de sécurité et de dignité humaine telles, qu'il affaiblit de beaucoup, vous en conviendrez, les instincts révolutionnaires.

Sans cela, comment pouvez-vous jamais espérer rattacher cordialement les masses au pays, si elles n'y ont d'autre intérêt que celui qui consiste à l'arroser de leurs sueurs! Pour penser le contraire, il faut être bien poète ou grand inquisiteur.

Acceptez donc avec bienveillance, Messieurs, ce faible tribut d'un effort personnel, et si, à ce qu'il peut faire espérer de paix et de prospérité, vous ajoutez tout ce qui peut sortir de grand et de rénovateur des réformes, quelquefois radicales, qui vous restent à opérer, nous

4

arriverons, non-seulement à payer nos dettes, mais encore, et ceci à votre plus grande gloire, vous aurez fermé, pour toujours en France, l'ère de nos discordes civiles, car à la place de citoyens forcément divisés, vous aurez créé des citoyens forcément unis. Oui ! unis et forts alors pour le maintien de la concorde et toujours prêts à donner leur vie pour la défense, non de leur marâtre, mais de leur mère, la Patrie !

C'est avec ces aspirations et ces espérances que je vous prie d'agréer l'assurance de mon respect, avec lequel j'ai l'honneur d'être,

Messieurs,

Votre très-humble et très-obéissant serviteur,

LÉRIS DE NOIRETERRE.

Nice, ce juillet 1871.

TABLE.

MODÈLES.